ASADO Y PRE

2019 年度重庆市社会科学规划外语专项项目（项目编号

# 墨西哥民族语言
# 政策的研究：
# 历史与现状

POLÍTICAS LINGÜÍSTICAS INDÍGENAS
EN MÉXICO: PASADO Y PRESENTE

肖隽逸 / 著

重庆大学出版社

图书在版编目（CIP）数据

墨西哥民族语言政策的研究：历史与现状 / 肖隽逸
著. -- 重庆：重庆大学出版社，2023.6
ISBN 978-7-5689-4071-9

Ⅰ.①墨… Ⅱ.①肖… Ⅲ.①民族语—语言政策—对
比研究—墨西哥 Ⅳ.①H002

中国国家版本馆CIP数据核字（2023）第131884号

墨西哥民族语言政策的研究：历史与现状
MOXIGE MINZU YUYAN ZHENGCE DE YANJIU:
LISHI YU XIANZHUANG

肖隽逸 著

策划编辑：杨 琪

责任编辑：夏 宇 版式设计：杨 琪
责任校对：关德强 责任印制：赵 晟

\*

重庆大学出版社出版发行
出版人：陈晓阳
社址：重庆市沙坪坝区大学城西路21号
邮编：401331
电话：（023）88617190 88617185（中小学）
传真：（023）88617186 88617166
网址：http://www.cqup.com.cn
邮箱：fxk@cqup.com.cn（营销中心）
全国新华书店经销
POD：重庆新生代彩印技术有限公司

\*

开本：720mm×1020mm 1/16 印张：12.5 字数：213千
2023年6月第1版 2025年2月第2次印刷
ISBN 978-7-5689-4071-9 定价：55.00元

献给我的家人

献给墨西哥

# 前　言

在许多中国人的想象中，墨西哥是一个充满神秘色彩的西方国度，在这片土地上世代生活的土著人与我们遥不可及。但事实真是如此吗？与我们的基本认知相反，墨西哥土著民族及其文化不仅与我们关系密切，而且他们已经深刻地改变了我们的生活方式：墨西哥土著人民驯化或引入并广泛种植的土豆、玉米、西红柿、辣椒，在明清之际经由欧洲来到东方，早已成为中国人餐桌上重要的食物；他们用可可制作的巧克力，给每一个幸福时刻带来甜蜜；烟草的味道最早从墨西哥所在的中美洲地区飘散到世界各地；近年来风靡时尚营养圈的牛油果，最初也是采摘自墨西哥土著人民的果园。其中，"巧克力"（chocolate）、"西红柿"（tomato）、"牛油果"（avocado）的英文单词直接取自古老的土著语言——纳瓦特尔语（Nahuatl）。

由此看来，墨西哥土著人民及其文化，对中国乃至整个世界的影响是多么深刻。

墨西哥共和国位于北美洲南部，北邻美国，南连南美，东临墨西哥湾和加勒比海，西南通太平洋，占据着美洲大陆的心脏地带，人口约 1.3 亿（2022年）。今天的墨西哥是全世界西班牙语使用人口最多的国家，超九成的墨西哥人使用西班牙语。同时，墨西哥也是一个多民族、多文化、多语言的国家，拥有拉丁美洲最大的土著族群和最丰富的民族文化。该国土著民族总人口约1 200 万[1]，其中土著语言使用者约 700 万（2023 年数据[2]）。墨西哥土著语言

---

1　墨西哥政府在土著人口数字统计上有较大出入，其原因是统计所用的标准不一。根据 2018 年墨西哥各州土著人口教育情况总览（全国册）（附录 3）的解释，常用标准有三：
　（1）国家土著人民研究所（INPI）对"土著民族人口"的定义，即"生活在土著家庭中的人口，即户主、配偶或长辈之一是土著语言使用者，另外还包括非土著家庭成员的土著语言使用者"，此标准下土著人口数量约为 1 200 万；
　（2）自我认同，即"基于对于自身文化和传统的认同，自我认同为土著"，此标准下土著人口数量约为 2 500 万；
　（3）所用语言，即"3 岁及以上的土著语言使用者"，此标准下土著人口数量约为 700 万。
　由于标准（2）较为模糊，历年统计数据变化较大，标准（3）在理论上无法完全涵盖全部土著人口（如0 ～ 3 岁婴幼儿，非土著语使用者的土著人士等），故本书在提及墨西哥土著人口总数时采用按标准（1）所统计的数据。
2　比 2020 年的数据减少约 50 万人。

源自 11 个语族，有 364 种变体，被 68 个土著族群使用 [1]。西班牙语虽然在现实中是该国所有公共领域的第一语言，但在墨西哥的官方定义中并未获得"官方语言"的头衔，而是和所有土著语言一起并列为"国家语言"。近些年在政府和社会各界的重视和保护下，墨西哥土著民族语言广泛出现在政府文件、公共服务、学校教育等社会层面，极大地推动了土著语言的保存、振兴和发展。

中国和墨西哥同为历史悠久、文化灿烂的多民族国家，均有着极其丰富多样的民族文化资源，两国各民族人民为本民族、本国和全人类创造了绚烂的历史文化财富。作为世界上民族语言资源最丰富的国家，中墨两国不仅长期致力于本国民族语言教育和保护事业，而且积极肩负起协助其他国家的民族语言文化保护工作的历史责任，为此赢得了广泛的国际赞誉。然而，两国在取得巨大成就的同时，亦面临着相似的未来挑战。今天，作为两国多民族文化最重要载体的各民族语言正受到新时代背景下全球化、一体化的巨大冲击而逐步减少和萎缩。在当前的客观现实条件下，如何最大限度地保存国内多民族语言和文化，两国在其采用的民族语言政策和保护措施上有着诸多可资相互借鉴之处。

在此背景下，寻找墨西哥的民族语言保护政策和措施中成功的经验和失败的警示，发掘墨西哥民族语言教育和保护领域的可取与不足，可为我之镜鉴。具体而言，本书关注并尝试回答了以下三个问题：

（1）墨西哥土著民族语言教育和保护政策和措施的历史与现状如何？

（2）在民族语言教育保护政策实施过程中，值得借鉴的成功经验是什么？

（3）有什么值得警惕的问题？

在对墨西哥土著民族语言保护政策和措施进行深入研究时，本书特别关注在多文化、多语言背景下，在政治、社会、制度和意识形态等因素的影响下，墨西哥民族语言的教育和保护的历史演变脉络，检视在这样的历史进程中墨西哥国内的各方势力——中央政府、土著民族社团、社会各界力量，甚至武装游击队——之间怎样经过长期博弈和搏斗，并最终达成较为合理的平衡理念？以及每个特定时期的平衡理念，又是如何通过一项项具体的政策和措施

---

1　数据来源：https：//www.inali.gob.mx/clin-inali/。墨西哥国内所有土著民族语言种类信息可查阅《国家土著语言名录》（*Catlogo de las Lenguas Indígenas Nacionales*）：https：//www.inali.gob.mx/pdf/CLIN_completo.pdf

来贯彻，效果又如何？

　　本书主要结论是：全球化大潮的冲击和墨西哥民族政策自身弊端的双重削弱之下，墨西哥民族语文保护现状不容乐观。但墨西哥政府和土著民间团体，在国际社会和国内有识之士的帮助下，采取"文化助推语言"为核心理念，以发展代保存，以成长代拯救，在各级政府主导的政策保护基础上，大力辅助民族社群力量，积极创造"从下至上"的民族语言文化的保护和推广机会，将语言（土著母语）带回语用者的语言环境之中；推广通用语（西班牙语）的同时，鼓励人们使用自己的母语；在更广阔的全社会层面，扩大民族语言的使用和适用范围；并且面对"全球化、一体化"和信息化技术的大发展和新冠疫情的大挑战时，不是如临大敌，而是将其作为推动力，以最新的网络和数字技术为手段，唤醒民族语言，不仅使之能再次在民族群体的日常生活中重生，而且有效地推广到更广泛的人群之中。

　　近十年来，墨西哥在民族语言的保护、振兴与发展方面取得显著进展，广受国际社会高度评价。墨西哥的经验与教训为全球和我国民族语言的保护、振兴与发展提供了有益的借鉴，具有极为重要的理论与实践价值。但是，目前国内对墨西哥土著民族语言教育保护政策和措施方面的相关研究仍处于相对匮乏的状态。

　　作为中国首部深入研究墨西哥土著民族语言政策的专著，本书从理论研究的角度，全面梳理并介绍了墨西哥民族语言问题的历史背景、发展历程、现实状况、成就与问题等关键方面。本书结合对墨西哥政府和各州法律政策的深入分析，采用文献综述、历史研究和数据分析等多种研究方法，理论联系实际，全面而直观地描绘了当前土著民族语言的现状。

　　本书还全面介绍了近十年来，特别是在新冠疫情前后，墨西哥社会各领域和层次实施该政策的情况及其取得的令人瞩目的成就，这为本书的学术研究提供了深远的现实视角。

　　本书首次翻译了墨西哥民族语言保护领域公认的两部纲领性文件——《土著国民语言权利基本法》（修订版）和《圣安德烈斯协定》。同时，选择了近五年来墨西哥政府和联合国教科文组织共同发布的两份全国性土著语言现状研究报告作为附件。这些附件内容从更直接、更具体的视角为读者全方位地呈现了土著民族语言保护领域的基本精神和实施成果，丰富了本书的参考价值。

本书在编写过程中，机缘巧合得到了墨西哥文化部（Secretaría de Cultura）和国家土著语言研究所（Instituto Nacional de Lenguas Indígenas, INALI）的高度关注和认可，认为本书的研究"很有价值"。文化部部长亚历杭德拉·弗劳斯托·格雷罗（Alejandra Frausto Guerrero）女士还慷慨地指示墨西哥国家土著语言研究所语言政策部对本书进行了全面的审阅，将本书的研究深度和准确度提升到了更高维度。

墨西哥国家土著语言研究所前所长、墨西哥土著民族语言领域的泰斗胡安·格雷戈里奥·雷西诺（Juan Gregorio Regino）先生也对本书给予了高度评价。得到墨西哥方面的鼓励与支持，使我大受感动和鼓舞。

本书亦是作为对 2018 年《岳麓宣言》、联合国"2019 土著语言国际年"（International Year of Indigenous Languages 2019）计划等世界民族语言保护计划和 2022 年联合国"国际土著语言十年（2022—2032）"计划的积极回应。

作为首部系统探讨该选题的专著，希望本书能为我国在这一领域的研究作出"开创性贡献"，同时希望对中国少数民族语言政策的制定和实施有一定的借鉴意义，对少数民族语言的保护、保存和促进起到一定的积极作用。然而，本书可资借鉴的文献资料和研究经验相对不足，加之作者水平有限，书中纰漏在所难免，仍有许多研究问题亟待解决，其中不足之处敬请专家和读者批评指正。

肖隽逸

2023 年 3 月 8 日

# 目 录

# 第1章
# 导　论

## 1.1 研究背景

近年来，作为我国"一带一路"沿线上的重要合作伙伴，墨西哥与我国的往来日趋紧密，对墨西哥国情、文化和社会意识等方面的深入了解的需求也日益增加。2013 年 6 月，中国国家主席习近平访问墨西哥期间，墨西哥总统培尼亚·涅托（Peña Nieto）特别邀请习近平主席参观墨西哥最重要的玛雅考古遗址——奇琴伊察金字塔。习近平主席在这次访问中指出："中国和墨西哥都是文明古国和文化大国，中墨两国文化要在交流互鉴中汲取养分，在时代进步中根深叶茂。双方应该增进民间交往，为中墨之间更全面的战略伙伴关系奠定更坚实的基础。"[1] 2014 年，习近平主席同访问中国的培尼亚·涅托总统出席"玛雅：美的语言"文化展开幕式时再次指出："中方愿同墨方一道，促进文明互容、互鉴、互通，为人类文明进步作出新的贡献。"中国和墨西哥都是历史文化悠久灿烂的多民族国家，两国的少数民族和土著民族[2]人民为本民族、本国、全人类创造了丰富绚烂的文化和历史财富，了解和学习彼此的民族文化保护政策和措施具有重要的现实和战略意义。中国和墨西哥在民族语言保护方面有诸多相似之处，面对的现状和问题也深具相通性。通过相互了解、学习和借鉴彼此民族语言的保护政策，对保护、保存、发展和促进两国民族文化的多样性可以起到积极作用。

## 1.2 研究的目的和意义

语言是人类感受、信仰和记忆的结晶，语言保存着千百年来世界不同文

---

1 中央政府.国家民委主任等参观少数民族语言文字工作成就展［EB/OL］.2007-11-28［2019-05-15］. http://www.gov.cn/gzdt/2007-11/28/content_818035.htm

2 关于"少数民族"和"土著民族"两种称谓名词的区别，在此略作解释：此两种称谓时常交替使用，但究其内涵外延，二者其实有明显的区别。"少数民族"是指多民族国家中"相对主体民族的"其他民族。"少数民族"一词更适用于我国国情，我国媒体、资料等也大多使用"少数民族"（ethnic minorities）一词，用以指代"相对于汉民族这一主体民族以外的"其他民族；而"土著民族"一词则是指"相对于外来民族的、世代居住于本地区的"民族。因此，墨西哥以及诸多拉丁美洲国家国内的语境中基本使用"土著"（población indígena）一词，用以指代"相对于外来民族及其后裔的"其他原住民族（姜德顺，2012）。本书为兼顾区别和方便，在同时提到两国或多国民族情况时使用"民族"一词，提到中国民族情况时使用"少数民族"一词，提到墨西哥民族情况时则使用"土著民族"一词。

明的历史传统和日常生活，不同的语言融汇出世界的多样性和丰富性。语言
即历史，它承载着所有族裔成员所创造的文化和智慧，语言对各个民族的文化、
传统和社会都至关重要。每一种语言又代表了一种独特的世界观，反映在其
特殊的语言系统和一些不可转译的表达之中。人们日益认识到，语言对其使
用者在其群体中和在更广阔空间的身份认知、沟通交流、社会融合、教育发
展等方面有巨大的影响。同时，语言多样性对人类和地球在发展中发挥着至
关重要的战略作用，不仅展现在文化多样性保存和文化间对话桥梁的方面，
而且在实现全民优质教育、加强全球合作、建设包容性智慧社会、保护人类
文化遗产，以及调动全球政治力量将科学、技术、经济、文化之力量惠及所
有人类的可持续发展方面，都有着决定性作用。

2021 年联合国教科文组织（UNESCO）的数据显示：在全世界范围内生
活着约 4.76 亿土著人，他们生活在约 90 个国家，拥有、占据或使用约 1/5 的
地球面积[1]。他们代表了世界文化多样性的大部分，创造和使用世界上约 6 000
种语言中的绝大部分，并代表着 5 000 种不同的文化。

保护民族语言是保护文化多样性的核心。中国现代语言学泰斗罗常培先
生曾说："语言文字是一个民族文化的结晶，这个民族过去的文化靠着它来
流传，未来的文化也仗着它推进。"民族文化的研究和传承与民族语言保护
密不可分。此外，保护和发展民族语言对保障民族平等团结、促进民族地区
经济社会繁荣、保障国家安定统一、维护国家之间的友好也具有重要意义。

墨西哥土著语言作家协会创始人、纳瓦特尔语诗人纳塔利奥·埃尔南德
斯（Natalio Hernández）也认为，保护民族人权最重要的是保护他们的民族
语言："通过自己的语言，不同民族的人们得以保存他们社区的历史、习俗、
传统、记忆，还有他们独特的思维方式、意义表达方式。人们也通过自己的
语言构建未来的愿景。毫无疑问，语言是一切人权保护的基础。"

1945 年 10 月 24 日《联合国宪章》发布，联合国教科文组织据此精神提
出更加具体的"富有成效的文化多样性"口号，而 2001 年《世界文化多样性
宣言》重申了这一口号的精神，文化多样性对人类的重要性"正如生物多样
性之于大自然"（第一条）。这一原则不仅应从经济增长的角度来理解，而
且应理解为实现更令人满意的智力、情感、道德和精神生活的手段（第三条），
并且还意味着对人权和基本自由，特别是土著人民人权和基本自由的承诺（第

1  Evaluation of UNESCO's Action to Revitalize and Promote Indigenous Languages（2021）

四条），而文化多样性保护领域重中之重是保护语言多样性。毋庸置疑，语言对身份、交流、社会融合、教育和发展具有巨大影响。

2007 年，联合国又通过了《土著人民权利宣言》[1]，其中第十三条第 1 款明确表示"土著人民有权振兴、使用、发展和向后代传授其历史、语言、口述传统、思想体系、书写方式和文学作品"。

2018 年，由我国政府和联合国教科文组织共同举办的首届"世界语言资源保护大会"在长沙召开。会上，联合国教科文组织及各国政府、学术机构代表和各领域专家学者共同起草并通过了一份向全世界发出倡议，号召联合全世界一切力量保护和发展世界语言多样性的重要文件——《岳麓宣言（草案）》。《岳麓宣言》是联合国教科文组织首个以"保护语言多样性"为主题的永久性文件，它的发布成为全世界土著语言保护和发展领域的历史分水岭。该宣言指出，语言是人类最重要的交流沟通桥梁，通过语言我们将信息、知识、观念、信仰和传统口口相递、代代相传。语言关系到一个民族、地区、国家乃至整个世界的历史文化记录、保存和传承。"人们通过共享彼此的行为模式、互动方式、认知结构和理解方式来构建文化和命运共同体。语言记录了人类千百年来积累的传统知识和实践经验，而这一知识宝库促进了人类发展，见证了人类改造自然和适应环境的能力。"

2019 年，联合国教科文组织启动了"2019 土著语言国际年"计划。民族语言的保护、振兴和发展再次成为世界性议题。"2019 土著语言国际年"计划指出："语言在人们的日常生活中发挥着至关重要的作用，它不仅是交流、教育、社会融合和发展的工具，而且还是每个人独特的身份、文化历史、传统和记忆的储存库。然而，尽管具有巨大价值，世界各地的语言仍然在以惊人的速度消失。"

为此，"2019 土著语言国际年"特别提出了促进土著语言保护的五个关键措施：

（1）增进理解互信和国际合作；

（2）为土著知识分享和语言传播创造有利条件；

（3）将土著语言纳入标准化体系；

（4）通过能力建设增强实践能力；

（5）通过新知识实现成长与发展。

---

1　全文见：https：//www.un.org/zh/documents/treaty/A-RES-61-295

　　"2019 土著语言国际年"计划为土著民族语言的未来指出了发展方向和行动步骤，呼吁全球立即采取行动。"2019 土著语言国际年"计划不仅成果斐然，而且影响深远，可视为 2022 年启动的"国际土著语言十年（2022—2032）"计划的先导性尝试。

　　2020 年 2 月 28 日，联合国教科文组织在墨西哥首都墨西哥城举办的"开创为土著语言行动的十年"高级别活动上，启动了"国际土著语言十年（2022—2032）"计划，联合国教科文组织作为牵头机构。该计划旨在提请全世界注意保护、振兴和发展土著语言，并在国家和国际层面采取紧急行动。在"开创为土著语言行动的十年"高级别活动中通过了《洛斯皮诺斯宣言》[1]（Los Pinos Declaration），旨在为制定"国际土著语言十年（2022—2032）"计划铺平道路。《洛斯皮诺斯宣言》指出，"土著语言维系着人与自然和谐共处的古老智慧，在强化社会凝聚力和包容，促进文化权利、健康和正义领域具有显著意义，在推动可持续发展和保护生物多样性方面也发挥着重要作用，强调许多土著语言正濒临灭绝，而保障土著人民言论自由、以母语为媒介接受教育和使用母语参与公共生活的权利，是土著语言得以存续的先决条件"。因此，《洛斯皮诺斯宣言》呼吁各方为联合国"国际土著语言十年（2022—2032）"制定全球行动计划，切实保障土著人权利，着重突出了在司法系统、媒体以及劳动和卫生事务中使用土著语言的重要性，还指出了数字技术在促进土著语言使用和保存方面的潜力。

　　但是不可否认，今天无数的民族语言在历史原因和当前剧烈变化新形势的多面夹击下，已经灭绝或面临消失的威胁。语言壁垒是各个独立群体相融过程中最大的障碍。传统上，民族语言使用者如果只会使用他们的母语，那么语言障碍令他们面临着与主体民族以及外部世界隔绝的境地，同时使他们无法轻松获得现有的基本保健、社会保障、经济扶持、就业机会等全方位支持，在有的地方非主体民族的劳动者甚至还面临劳工虐待和劳动剥削的风险[2]。若再加上各个民族根深蒂固和独特的文化习俗和信仰，这种语言文化壁垒可以大到无法克服，进而导致自我孤立甚至相互对立的不幸结果。新一代的民族语言使用者难免为了某种外部现实目的而较多或完全地学习和使用主体民族

---

1　《洛斯皮诺斯宣言》全文请见：https://en.unesco.org/sites/default/files/los_pinos_declaration_170720_en.pdf

2　由于害怕身份暴露、雇主报复等其他连带结果，民族劳动者往往选择妥协不报告雇主的不当行为，以保护自己和家人的人身财产安全。

语言，那么在融入主体民族环境的同时，必然弱化其民族语言的使用程度，甚至完全抛弃民族语言。现实情况中，民族语言难以避免地被裹挟着陷入恶性循环之下。

今天席卷世界的全球化大潮加速了这种恶性循环的趋势，加剧全球民族语言势弱的趋势。当前，世界绝大多数的民族正面临着全球性、系统性、整体性的边缘化、赤贫和基本人权的问题，他们的生活环境同他们所代表的世界文化多样性一起正在急剧缩小、恶化或被侵蚀。根据数据，他们在世界人口中所占比例不到 5%，却占世界最贫穷人口的 15%。再加上 2019 年末爆发的新冠疫情，更是急剧加深了对全世界各民族人民的生命财产和生活环境的威胁。在这场风暴中，同为全世界民族语言数量最为丰富的国家，中国和墨西哥面临的工作尤为艰巨。同时，中墨两国在积极保护民族语言方面，做出了全世界有目共睹的不懈努力。本书通过对墨西哥，这位与我国相隔万里的太平洋邻居在民族语言保护的方方面面做一番观察和研究，不仅可以起到相互了解、学习和借鉴的积极作用，并且也试图从中为世界民族的语言保护探寻一条可广泛应用的未来之路。

本书起笔之时适遇 2018 年《岳麓宣言》的发布和联合国"2019 土著语言国际年"的启动。成书之际又恰逢土著语言国际年计划结出丰硕成果，"国际土著语言十年（2022—2032）"计划正式启动。同时，2022 年习近平总书记在博鳌亚洲论坛年会开幕式上的主旨演讲中强调："困难和挑战进一步告诉我们，人类是休戚与共的命运共同体，各国要顺应和平、发展、合作、共赢的时代潮流，向着构建人类命运共同体的正确方向，携手迎接挑战、合作开创未来"。在这一系列振奋人心的精神力量感召之下，笔者深感莫大的鼓励和重任，期待本成果能够促进我国未来的少数民族语言保护、研究和发展工作，也期待能够代表"中国智慧、中国方案、中国力量"，为未来我国和世界各民族的语言保护、研究和发展工作作出一份微薄的贡献。

## 1.3 中国和墨西哥当前民族语言的数据简述以及具体问题的提出

2016 年，我国教育部和国家语言文字工作委员会联合发布了《国家语言文字事业"十三五"发展规划》，彼时全国普通话普及率已达 70%。而至 2019 年，仅三年时间我国普通话普及率又再次提升 10%。读写规范汉字的识字人口比例超过 95%，文盲率从新中国建立之初的 80% 以上到 2021 年全面距离消除文盲仅一步之遥（2.6%）；国家通用语言（普通话）的普及使各民族各地区的交流交往基本不存在语言障碍。

中国在积极推广普通话的同时，也在大力保护和传承少数民族语言。据统计，在我国 55 个少数民族中，使用本民族语言的有 53 个，总人口约 6 000 万，约占少数民族总人口的 60%；其中 22 个少数民族（约 3 000 万人）使用 28 种民族文字（不含民间局部使用的约 40 种未规范文字），约占少数民族总人口的 30%。

但与此同时，大部分少数民族的语言和文字面临消失的危险：2013 年中国社科院中国少数民族语言研究中心利用联合国教科文组织发布的《问卷调查：语言活力和多样性》（*UNESCO Survey：Linguistic Vitality and Diversity*）[1] 量表对我国少数民族语言进行的全面调查显示：在所有少数民族语言中，仅有 6 种语言（蒙古语、维吾尔语、哈萨克语、藏语、彝语、朝鲜语）处于"安全级"，使用人口约 2 500 万。其他民族语言都在"安全级"以下，其中绝大多数徘徊在"濒危级"，4 种语言实际已经处于"死亡级"。

同样，墨西哥也是一个多语言国家，拥有拉丁美洲最大的土著族群和最多的语言种类。墨西哥土著民族总人口约 1 200 万，占总人口的 10%，其中土著语言使用者约 700 万。墨西哥土著语言源自 11 个语族，有 364 种变体，被 68 个土著族群使用。这些土著民族族群的存在表明，在西班牙殖民者入侵之前，墨西哥大地上已拥有丰富的语言和文化资源，而在过去的近 500 年时间里，已有近 150 种土著群体消失，随之消亡的还有这些语言所承载的文化、传统和风俗。近现代时期，墨西哥通过"去印第安化"政策，全面禁止在教育空间中使用土著语言，进一步恶化了土著人民及其语言文化的生存土壤。近半个世纪以来，墨西哥政府、社会团体和土著民族社区才开始转变认识，采取了切实有效的法律法规和保护措施，阻止和部分扭转了土著民族语言所面临的颓势。不过尽管今天不存在此类禁令，但在现实生活中的土著人民还面临着系统性歧视，60% 的土著民族语言仍处于消亡的边缘。其主要原因包

---

1　量表详情请见：https://ich.unesco.org/doc/src/00120-EN.pdf

括：①土著语言代际传递的缺失；②全社会对土著语言的污名化；③地理和居住环境限制；④土著语言被广泛排除在公共空间之外；⑤广播和电视等大众媒体刻意忽视等。

中国和墨西哥都是多民族、多文化、多语言的国家，两国在民族语言保护政策和措施方面都有自己的特点。针对当前民族语言保护和发展的新形势和新情况，将与我们情况相似的墨西哥民族语言保护的政策和具体现状做一番梳理，希望对我国在少数民族语言保护的工作和教育改革有一定借鉴作用，也希望能通过本书促进未来中墨两国，甚至全球民族语言保护、研究和发展工作。

具体而言，本书期待在以下四个方面为研究和制定保护民族文化和语言的政策和措施提供有益的建议：

第一，加强两国民族语言保护历史和现状的研究。实际上，在全球化浪潮的冲击下，不同地区的社会经济发展参差不齐，导致一些民族成员为了生存而放弃自己的语言。当前对保存、保护、促进和发展民族语言，制定和完善民族语言政策的工作是至为必要且尤为紧迫的。

第二，对两国民族语言政策制定者给予有益的建议。国家语言文字工作委员会前主任许嘉璐指出，语言规划需要科学研究的支持，这仍然适用于具体措施的实施。另外，语言决策者的时间和精力有限；因此，语言政策研究需要更多相关人员的积极参与，进行具有代表性、理性和科学性的广泛研究。

第三，对建立在多元民族文化基础上的民族团结也有所助力。

第四，通过研究两国民族语言保护政策和措施，可以直接或间接促进中墨两国之间的民族文化交流。

在当前民族语言保护和发展的新情况和新需求的要求下，以及在联合国"2019土著语言国际年"计划精神的指导下，我们对墨西哥最近的民族语言保护所取得的现状、问题和新经验进行研究和总结，也是希望对我国在少数民族语言保护的工作和改革贡献绵薄之力。本书具体提出并尝试回答下面三个研究问题：

（1）墨西哥土著民族语言保护的历史与现状如何？

（2）在墨西哥土著民族政策实施过程中有什么值得警惕的教训？

（3）在墨西哥土著民族政策实施过程中有什么值得借鉴的经验？

# 第2章
# 墨西哥民族语言的
# 历史成因及所面临的问题

在我们开始探讨墨西哥民族语言问题之前，无可避免地感受到想要回溯到问题原点的强烈愿望。事实上，任何问题都只是无数看似巧合的必然因素之间相互影响、相互作用的结果。如果我们看清纷杂过去的蛛丝马迹，就能找出现状和问题的本质。

德国经济史学家贡德·弗兰克[1]（Gunder Frank）在其荣膺 1999 年世界历史协会图书奖头奖的巨著《白银资本：重视经济全球化中的东方》中，不断提及指引其研究方向的"费正清[2]原则"："历史研究应该向后推进，而不是向前推进……要让问题引导着你向后回溯。"在此我们借用这一历史学研究的原则，从地理和历史角度观察"墨西哥民族语言问题"的成因及其性质，而对其地理和历史因素的探究将允许我们重新回到问题的原点，探寻问题现状背后的成因。

## 2.1 地理与历史：一切的原点

### 2.1.1 地理：山脉切割出的破碎

"地理不辩论，它是什么就是什么。"（Geography does not argue. It simply is.）美国地缘政治学家尼古拉斯·斯皮克曼[3]（Nicholas Spykman）这句评述大概是地理因素对人类影响的最佳注脚。当代著名地缘政治学家罗伯特·D. 卡普兰[4]（Robert D. Kaplan）在他的《地理的复仇》一书中也再次提醒我们，地理在形塑人类世界的过程中那看不见却又逃不掉的巨大力量："地理不是影响人类生活的绝对因素，但却是辨识未来可能性的历史逻辑起点"，而"人，是此中成长出的最重要现实"。当我们认识一国之国民时，回溯其地理出发点是第一步，也是最重要的一步。因此，当探究墨西哥土著语言现实的时候，我们应当先从基本地理现实出发，从中寻找其特点及源头。

---

1 贡德·弗兰克（1929—2005），德国学者，世界体系论的奠基人，致力于世界体系史、当代国际政治、经济和社会运动的研究，依附理论代表人物。

2 费正清（John King Fairbank，1907—1991），哈佛大学终身教授，著名历史学家，美国中国近现代史研究领域的泰斗，"头号中国通"，哈佛东亚研究中心创始人。

3 尼古拉斯·斯皮克曼（1893—1943），美国著名地缘政治学家，曾任职耶鲁大学国际研究所，以"边缘地带论"闻名于世。

4 罗伯特·D. 卡普兰（1952—  ），美国著名地缘政治专家，《大西洋月刊》资深主笔、知名记者，美国安全中心高级研究员，欧亚集团高级参谋。

　　翻开墨西哥地形图我们会很容易注意到其显著的地形特征：北宽南窄的狭长形状犹如一颗上下竖立、尖头偏右的小辣椒。北部的东、西马德勒山脉像辣椒中部的两条棱，双双南下并逐渐向中部汇合，在此它们与南马德勒山区的汇合点天然地将墨西哥的南北分隔开来。墨西哥的山不仅分布范围广，而且山体高大，据估算如果将墨西哥的高山铺平，可以覆盖整个亚洲。可以说，墨西哥国土被群山分裂得一塌糊涂[1]。

墨西哥地形图

　　北部地区的地理环境特征可总结为以下特点：①因其炎热、干旱的热带沙漠和热带草原气候的环境因素，造成该地区气候干热、地广人稀。②再加上该地区被夹在东、西、南马德勒山链之间形成的倒三角区域之中，与高山密布的南部地区分隔明显，因此在前后哥伦布时期，南部地区文化对该地区的影响和渗透都相对较弱。③与此相反，墨西哥北部高原一直延伸到整个美国西南部[2]。两国长达 3 169 公里的边境线不具有天然的地理阻隔作用：西段是一条笔直的人工国界线，意味着此段没有任何天然分界线；而墨美国境线东段以北布拉沃河[3]（Río Bravo del Norte）为界，该河最宽处仅 100 米，最深处也不过 18 米。

　　与墨美之间地理边界的不明显形成鲜明对比的是两国巨大的国力差距。因此，墨西哥北部地区受到美国影响极其明显，以蒂华纳、华雷斯为代表的北方

---

1　Robert D.Kaplan，The Revenge of Geography：What the Map Tells Us About Coming Conflicts and the Battle Against Fate（Reprint），Random House Trade Paperbacks，2013.

2　美国中部大片的空白将东西部也分为两个不同的文化体，而美国西部与墨西哥北部在生活方式上接近。

3　北布拉沃河，美国称为"格兰德河"（Rio Grande）。

边境城市更是充满了美国西部化的生活方式。墨西哥为了多方面目的对美国单方面启动对墨西哥的不平等出入境政策持默许态度，而且其劳动力和产品的出口也必须依赖北方通道。基于上述原因，北部地区的土著语言人口状况呈现出极其复杂的特点：除了因当代城市发展而居住于一些固定区域的土著语言者外，以蒂华纳为代表的整个北部地区成为由该地区各种孤立分散的土著语言社区、美籍土著移民社区、西班牙语社区，以及其他语言使用者融合而成的、不断流动的复杂语言混合体。

在南边，东西走向的南马德勒山脉几乎堆积在整个南部地区。在群山的山坡之上、河谷之间的小块平地中，无数的部落群体散落其间。东南方向的尤卡坦半岛相对平整，这里炎热潮湿的密林一直是玛雅民族的家园。我们可以看到，长久以来在古代墨西哥共同生活的各个土著民族之间其实有着巨大差异。在时间的长河中，虽然南方土著民族通过长期不断的文化、宗教、思想、政治、经济、贸易、战争等多方面互动产生了融合和互通，然而由于南方高山密林的阻隔，再加上语言之间的障碍[1]，使得总体而言各民族之间在其他方面的融合毕竟远不能弥合他们之间在自我认同上的巨大隔阂。而同样因为气候地理的原因，北方民族之间、南北民族之间的联系比南方民族之间的联系更为疏远。另一个必须注意的墨西哥地理影响是，在诸多土著民族中从未出现过如汉族在中国一样的、占主体或人口多数的民族，也没有任何民族统一或尝试统一整个古代世界的墨西哥——碎裂的地形不仅彻底消除了任何统一的尝试，甚至连萌生这种观念的可能也一同消除了。地理也同样解释了为何在欧洲殖民者到来之时，彼此更加熟悉的各个民族之间却无法团结对抗外敌——在分裂的地理中，既然没有"内友"，那么"外敌"便不存在。

## 2.1.2 殖民历史：被强制的大融合

地理和历史的渊源，造就了墨西哥历史上各民族之间通过宗教、政治、贸易、战争等渠道进行交流和互动。但是同样由于地理和历史的渊源，导致各民族在语言和文化以及由此产生的民族认同上，一直保持着独立性和差异

---

1　身边的例子告诉我们，甚至文化的交融也远比语言的交融更容易和快速。

性，此种状况一直保持到西班牙殖民者到来[1]。

欧洲人跟随地理大发现的足迹，在 16 世纪先后来到美洲，开启了他们的征服和统治之旅。在中南美洲，西班牙和葡萄牙两位伊比利亚半岛的邻居在长达三个世纪的时间里，将西班牙语和葡萄牙语连同伊比利亚文化深深扎根在美洲土地上，此间又杂糅了非洲黑奴遗留的独特文化基因。随后贸易、交通、通信的发展在同种语言和统治者文化的便利之下相互推进，使得中美洲、南美洲和加勒比地区几乎糅合成为一个文化共同体（明显区别于以美国、加拿大为主的、西北欧式的美洲部分）。这也造就了今天美洲国家之间在包括土著民族保护在内的各个方面都能够较为顺畅自然地进行跨国交流。与此同时，根据《针对在"2019 土著语言国际年"框架内实施的土著语言振兴和促进行动的评估报告》估计，中南美及加勒比地区有 4 200 万土著人口，有 560 种土著语言被使用，但在过去几十年中，1/5 的土著语言消失，超过 1/4 的土著语言面临消失的风险。后文中我们将不断听到中南美及加勒比地区在土著民族语言保护事业中的共同声音[2]。

不过这种大融合的另一面却是：土著人民最真切的情感终归无法附着在今天占绝大多数的本国非土著人士身上。诚然，近几十年来越来越多的有识之士，包括萨帕塔运动的领袖副司令马科斯[3]（Subcomandante Marcos）和许多为土著民族事业奔走呼号的学者、社会活动家及普通民众，开始努力和土著人民一道重新审视长达三个世纪的苦难历史所烙印在土著人民身体上的无言痛苦和记忆。然而必须承认的现实是，尽管同情土著人民的人数越来越多，力量越来越壮大，但对于占多数的本国非土著人士而言，由于前述的美洲文化的大混杂、大融合，那段苦难历史之于他们即使不是虚无缥缈的，也是割裂断层的，他们无法以最直接、最真切的方式体会到这种痛苦和记忆：在这

---

1　历史地理学家提出，美洲之所以没有形成如欧亚大陆式的、庞大先进的超级文化统一体，其中一大原因是大陆块走向的差异。欧亚大陆的东西走向使得世界性帝国（cosmopolitan empire）的征服军队和远距离贸易商团可以在较为稳定气候和温度条件下跨越大片陆地。而美洲狭长的南北纵向地形令跨越者难以适应如此大的温差跨度。无论此种解释是否正确，但其结论在事实上确如此言：美洲从未出现过超级文化统一体。这一跨越时间长河的多民族散居状态直到西班牙和葡萄牙征服者的到来才被打破。

2　《针对在"2019 土著语言国际年"框架内实施的土著语言振兴和促进行动的评估报告》指出，联合国教科文组织在 2019 年国际年框架内所直接实施或支持的 80 多项世界各地的活动中，近 3/4 是在全球或区域层面进行的，65% 的国家级活动发生在中南美及加勒比地区。此外，有多达 257 项来自该地区的倡议在"2019 土著语言国际年"官网上发布。

3　副司令马科斯，墨西哥萨帕塔民族解放军（EZLN）的象征性领导人，以支持土著人民权利与反全球化立场著称。他以面具示人，善用文学与政治思想传播革命理念。真实身份不详。

片曾经属于土著人民的大地上，土著人民现在却变成了"他人""少数人""局外人"。

### 2.1.3 墨西哥的国民性：活泼、热情、开放、艺术性

墨西哥的国民性具有典型的亚热带气候地区人群的特点：活泼、热情、开放和与生俱来的艺术天赋。这种国民性在同样以热情浪漫著称的西班牙人统治期间得到了延续。今天墨西哥的文化氛围仍然十分浓厚，各种文艺形式百花齐放，普通人民也很热衷于参与其中。因此，土著民族语言随着各种文化艺术形式很容易借助其他媒介载体得到传播和发展，而且这种主动参与的积极性也投射到其他生活领域：在土著民族语言保护领域，我们时常看到民族社区自己组织各种研究工作和文化艺术展示，自己争取各种权利和帮助。例如在新冠疫情期间，借助墨西哥政府大力推广的如"居家学习"等国家级全媒体多平台项目，土著语言通过其所属民族的独特文化艺术表现形式在世人面前一览无遗。另外，借鉴自北方邻居美利坚合众国政体模式的墨西哥有着较高程度的民族区域自治。这些因素使得在恰当的催化因素之下，土著民族可以展现出强大的、自下而上的主动性。

### 2.1.4 今天的自我认同：混血群体的文化选择

在当今墨西哥社会，纯正白人后裔不到1%，土著人口占总人口的10%，混血人口占据绝大多数（90%）。近年来，在混血人口中呈现出有趣的新趋势——越来越多的混血人士并不介意被称作土著后裔，甚至主动"选择"这一身份认同。在近年来墨西哥土著人口统计中，根据"自我认同"标准（即"主要基于对自身文化和传统的认同，认为自己是土著人士"）所得结果可知，越来越多的墨西哥国民"自我认同为土著人士"，且其所占全国人口的比例远高于其他两种更为宏观的统计标准所得的比例[1]。同时，混血人口亦是"在校园教授土著语言"观点的支持者。

此趋势的缘由是复杂的、多方面的，例如普遍的民族主义文化觉醒。然而任何原因最终都必须落实到每一个普通人对自我身份的理解和认同之上，

---

1 可参考附录3中的表1。

尤其是像当代墨西哥人一样有着基因复杂性的人群，当他们在接受（可选范围内的）身份时不可避免地掺入现实利益考量。事实上，普通墨西哥人多数并不确切地了解自己在基因意义上的家族血统，然而这并不妨碍他们自我认同"土著后裔"的文化身份，甚至这一文化身份更多的是出自一种对共同体的"想象"[1]。推动这一选择背后最重要的一点毫无疑问是因为，墨西哥在近半个世纪以来在土著语言文化保护、促进和发展领域取得的卓越成绩，令越来越多的混血国民主动"回归"甚至"选择"土著身份。

## 2.2　墨西哥土著语言面临的困境

### 2.2.1　一个全球共同的问题：强势 / 通用语言和弱势 / 民族语言的矛盾

语言问题与文化问题密切相关。语言总是存在于文化构架之内。语言的地位改变，并不在于语言本身，而是整个社会的文化环境。两种或多种平行文化相遇时，会产生文化交融；当文化族群彼此发现差距时，就会产生文化学习；但当这种落差过大时，弱势文化的成员会自觉或不自觉地选择向优势或强势文化全方位靠拢。随着文化环境的改变，语言的地位也在改变，多民族国家内部的民族教育尤为明显。民族教育政策总是受到政治、教育、经济和社会等多方面的复杂影响。

语言是一种权利，更是一种权力。在某个特定的多语言环境中，如果其中一种语言可以在教育、就业、生活水平和社会地位等方面为使用者带来优势，那么这种语言必然会成长为优势或强势语言。统治阶层通常利用各种语言媒介输出强势语言文化，吸引并同化其他语言群体，特别是通过学校教育，直接或间接剥夺这些群体中儿童的民族语言使用权，导致弱势群体往往会选择学习强势语言而放弃母语。

这是中国和墨西哥，乃至全世界绝大多数民族语言面临消失和消亡的危险时，几乎都无法忽视的问题。正如周（Zhou，2007）略带悲观地总结的那样：

---

1　Benedict Anderson.Imagined Communities：Reflections on the Origin and Spread of Nationalism（Revised），Verso（London and New York），2016.

"中国的少数民族很难在双语教育模式下找到他们的民族语言和普通话之间的平衡。要在不牺牲其母语和族裔身份的情况下提高其社会经济地位几乎是不可能的。在 21 世纪全球化的加剧中，这不仅是中国少数民族的问题，也是世界各地少数民族的问题。"

就墨西哥具体情况而言，尽管公共教育部和国家土著语言研究所一直分别从宏观和微观两个领域致力于土著民族语言的保护、振兴和发展工作，尽管各方努力将当代全球化生活方式培植到以保持土著族群传统语言为基本框架的土著生活方式之中，尽管土著人民也在接受西班牙语主导地位的同时继续坚持为其族群身份和传统争取民族语言的教育机会，然而实际效果仍向着以西班牙语为单一教学语言的教学体系转变。

（1）在墨西哥全国所有中小学校必须完成国家规定的基本教学内容中，几乎全部用西班牙语教授，教学材料（教材、教辅等）也用西班牙语编写，且这些基础课程为所有墨西哥学生必须修读的课程。

（2）土著语言科目或由土著语言讲授的科目非常少，符合土著或当地社区需求的课程更是少之又少。

（3）土著语言的相关课程几乎不存在任何修读要求，甚至不会出现在任何一级教学大纲中。因为如果要求土著学校学生比非土著学校学生完成更多必修科目，则不仅会给土著学生造成额外的学业压力，甚至可能相悖于其基本现实需求。

（4）在上述现实原因的驱迫下，土著学生入学后就会立即全面接触西班牙语的课堂内容，到四、五年级时土著学生的母语课程内容就全面处于停滞状态。

（5）若再考虑英语在全球化和数字化中的主导地位，作为外语的英语教学（English as a Foreign Language，EFL）已经被写入《国家初级教育中的英语教学计划》[1]（*Programa Nacional de Inglés en Educación Básica*），土著语言的地位再次受到巨大冲击。

---

1　《国家初级教育中的英语教学计划》由墨西哥公共教育部发布。根据该计划，墨西哥的英语教育将贯穿墨西哥学生的学前、初级和二级教育计划，以使学生"达到更高的教育成就，获得更好的社会福祉，作出更大的国家贡献"。

### 2.2.2　墨西哥的问题和教训：实际政治的偏见和土著民族的孤立

既然墨西哥政府对土著民族的教育和语言保护确实给予了大力支持，为何土著民族的生活状况和语言状况仍然处于困顿状态呢？除了世界上所有非主体民族都面临的困境以外，墨西哥自身也必然存在独有的问题。这些问题可以大致归结为：第一，实际的普遍歧视和轻视，及土著民族的自身孤立；第二，今天对国家文化多样性和各民族自主性的强调也正在反噬墨西哥的土著民族语言。这些问题和原因几乎都可以追溯到墨西哥长达 300 年的殖民历史。

从 16 世纪开始到 19 世纪的 300 年间，墨西哥所有土著民族无一幸免于西班牙殖民者残酷的剥削和压迫，以至直到今天仍处在社会的最底层和最边缘。今天的墨西哥中上层阶级仍然以说西班牙语的梅斯蒂索人为主。要改变他们对土著民族的政治偏见是非常困难的，而政府对普遍存在的歧视也无能为力。土著民族仍然生活在殖民主义的结构中，他们的语言不在发展战略的中心，而是被置于低级、劣等、次要的地位。历史学家米格尔·莱昂 - 波蒂利亚（Miguel León-Portilla）谴责了当前恶劣的土著语言环境："很多人不愿接纳土著成员和他们的语言，甚至认为'这些语言只是一些没用的原始方言'。"今天，社会空间里仍然充斥着像"一无是处的土著人"（pinche india）这样的短语。针对这种语言歧视及其背后所反映的民族歧视，国家土著语言研究所前所长胡安·格雷戈里奥·雷西诺无奈地表示："这是那么不幸，但又那么普遍。"

表面上，如果这些历史遗留问题经过良好的政治疏导，本可以得到较好的消解（中国少数民族政策的经验和成果或许可资参考）。但是经过深入观察，在墨西哥，这些问题却并非如此简单。多年来的民族政策方向就像硬币的两面，给墨西哥带来了进步，同时也带来了弊端。

波蒂利亚把矛头指向墨西哥独立伊始的 1857 年宪法，称其为"'邪恶'的开始"。那时自由派思想在墨西哥国内占主导地位。自由派几乎都是在政治和社会占统治地位的精英和上层白人，希望构建一个完整和统一的资本主义自由国度。虽然自由派同情土著民族的悲惨遭遇，但是他们认为解决民族问题的办法是通过"去土著化"（desindianizar）让土著民族不再成为"国家进步的负担和障碍"。因此，自由派选择刻意忽略各民族的特性，将其一并纳入"墨西哥民族"，只教授一种语言，即西班牙语。自由派期望建设一个"完整、统一、自由"的国家，然而对于土著民族来说，却是一个"可怕的打击"。

今天墨西哥土著民族语言政策，虽然表面看来从根本上彻底扭转了"统一的民族、统一的语言"的观念，强调墨西哥的多民族、多文化、多语言国情，给予了各个土著民族足够的自主性和多方面的支持。然而实际上，土著民族却被这种似是而非的"进步观念"所蒙蔽和反噬。

就积极方面而言，目前土著语言和西班牙语都是墨西哥的国家语言，在任何地理环境和语言环境中都享有同等的地位；在语言教育上，土著民族被赋予了足够的自主权，社区可以根据自身情况制定教学政策和策略；国家制定的双语教育政策也为他们注入了联结和融入外部世界的能力；在多元文化的背景下赋予和维护了土著民族的尊严，这种教育模式也成为全世界国民教育与民族教育结合的典范。

然而以往墨西哥政府表面上将实施跨文化双语教育，并且把语言教育的自主权和语言权利还给土著民族，然而另一面却是以同化为目的的、"统一的民族、统一的语言"思想的变异，至少是变相的置之不理。

自主性的基础应当是建立在足够的政治、经济、文化的基础和自信之上。然而今天墨西哥绝大多数土著民族的现状却表明，完全自主性的时机其实远未成熟。这些土著民族无法以群体形式参与国家政治事务之中，经济发展更是几乎完全依赖政策支持，而看似独特的民族文化传统亦在某种程度上只是落后的代名词。全方位的滞后加上地理的局限，使得土著民族内部成长的种子正在慢慢枯萎，外部融合的能力更是几乎完全退化。他们的语言也因此一直停留在孤立状态，无法拓展自身与外界的联系，进而无法获取更好的发展机遇，也更加不利于民族语言的保护和发展。土著民族社区连同他们的语言一起，被牢牢"钉死"在他们的出生地。

对于今天墨西哥大多数的土著民族而言，最为缺乏的是改变现状的知识和物质准备，甚至欠缺改变现状的意识本身。就像200年前墨西哥独立战争前夕一样，领导沉默了三个世纪的土著人揭竿而起的革命领袖们，无一来自受压迫最严重的底层人民，恰恰相反，是以白人为代表的、刚刚接受了自由和进步思想的统治阶层和知识阶层（肖隽逸，2016）。现实再次印证了坎布隆（Cambronne，2009）的结论："梅斯蒂索主义[1]（mestizo-ism）仍然是阻

---

1  梅斯蒂索主义即"以土著和西班牙混血后裔为主导的观念"。

碍多文化、多语言教育的最大障碍。"2011 年发生的瓦哈卡教师集体抵制"一体化"教育模式的事件（事件具体经过请参考 Bracho，2019）就是对梅斯蒂索主义思想在教育领域的爆发性反抗。

　　不过幸运的是，最近十年来土著知识分子阶层虽然人数不多，但是他们的实力和影响力已经使他们准备在文化与知识领域掀起一场新的革命。今天土著民族语言的保护能够维持现状甚至略有发展，几乎全部仰赖这些知识分子以及其领导的民间文化团体、地方社区和土著学校的努力坚持。

## 2.3　跨文化教育的构建：墨西哥教育界的经验和反思

　　墨西哥土著民族语言政策一直与国民的公民身份建设密切相关，一直不断调和墨西哥国族身份和具体土著民族身份的二重性关系。民族语言教育在墨西哥远远不只是语言和知识的传授，甚至不仅仅是针对本民族和其他民族文化的学习。民族语言教育的首要任务是赋予和强化学习者对自身公民身份的认识、认知和认同。

　　墨西哥教育家们直言不讳地指出，民族教育必须从国情出发，考虑实际存在于当前政治、文化、教育、经济等各个方面的各民族之间（特别是主体民族与其他民族之间）的纵向关系，警惕乌托邦式的理想主义和绝对平等主义。

　　例如，当代最著名的美洲土著社会研究者之一豪尔赫·加斯切[1]（Jorge Gasché）就一针见血地指出，教育工作者应当警惕如果一味强调受教育者之间的平等关系，而忽视客观存在的受教育者之间的纵向从属关系（domination / submission relationship），那么将不可能真正实现教育的公正平等。

　　加斯切指出，当前众多跨文化教育专家秉持不切实际的理想，这种理想认为如果我们引导儿童学会相互尊重彼此的差异性，并且学会在不同文化语境下和谐平等地沟通，那么明天我们将拥有相互尊重、相互包容的全球性社会。对这种不切实际的"乌托邦"式教育理想，加斯切提出严厉的质问："在当前的经济和政治环境及未来趋势下，不对称的跨文化关系会有怎样的未来呢？"

---

1　豪尔赫·加斯切（1940—2020），20 世纪墨西哥最重要的教育家和教育理论家。

　　因此，如何在"不平等的纵向关系结构"中建立"教育公平"，这便是今天墨西哥民族教育的核心关切点之一，而墨西哥的回答是：通过"跨文化教育"构建公民的"跨文化身份"。

　　按照从前的"双文化"或"多文化"教育构建公民身份，其结果必然引起公民和公民群体的等级区分或区别对待，因为公民和公民群体总是会不自觉地以"我（们）/他（们）"的标签区分彼此。在某种意义上，"双文化"或"多文化"既是一种资源，同时亦是一种困境。甚至在最极端的情况下，刻意区分公民身份也是历史上被政治阴谋和语言欺诈常常利用的手段，纳粹对犹太民族犯下的罪行就是这种极端情况的最好注脚。

　　墨西哥人认为，跨文化性必须超越各种文化之间的壁垒，将跨文化性的理念延伸到所有空间。因此，在跨文化背景下的公民教育更多地与道德和政治制度建设相联系，强调权利平等与承认差异的结合。因此，跨文化教育应当不仅局限在课堂教育，而且应当在整个社会中形成"跨文化公民身份的教育机制"。除了教育机构和当局之外，其他领域以及每一个墨西哥人都被号召应当参与其中。经过不断的全民跨文化教育，期待未来每一个人在具有不同文化身份的同时，亦具有共同的价值观，不仅能实现共存，而且能增强社会凝聚力。

　　这或许可以解释，墨西哥土著语言的保护措施和手段，在语言的规范化和标准化的同时，亦尽可能地保留土著语言甚至方言的多样性，力图将以此为基础进行土著语言的保护、保存、促进和发展工作。当然，多样性原则必然会导致标准化、规范化的困难和随之而来的语料库建设等诸多困难，但是墨西哥的经验告诉我们，土著民族语言保护应以文化为载体，保持规范化和多样化平衡，同时进行民族语言的数字化和信息化，这条道路是大有前景的。未来我们还可以继续思考，如何把握标准化、规范化与多样性原则之间的平衡。

# 第3章
# 墨西哥土著民族语言
# 政策研究的文献综述

## 3.1 墨西哥土著民族语言政策发展历程的总结

墨西哥土著民族语言政策经历了极为复杂的发展历程。对墨西哥土著民族语言政策的研究基本上都会首先从历史的角度对墨西哥语言政策的发展进行梳理。谭融和田小红（2015）认为墨西哥的民族政策经历了三个主要阶段：早期的"民族同化"运动阶段、现代化进程中的"民族融合"阶段和当代"民族多元主义"阶段。但是在多元文化的表象之下，墨西哥国内各民族的生存和发展空间实际上很不平衡。由此影响到整个国家的语言文字状况，西班牙语的绝对优势地位使土著语言失去了维持自身发展的营养，土著语言变得越来越难以生存。

李丹（2014）在《夹缝中生存的墨西哥印第安民族及其语言：墨西哥语言政策研究》一文中也对墨西哥语言政策发展历程的各个阶段做了详细介绍。此论文将视野扩展到西班牙的殖民时期之前，将墨西哥语言政策演变归纳为四个重要阶段：①前殖民时期：纳瓦特尔语的同化阶段；②殖民时期：殖民者摇摆不定的语言政策阶段；③共和国建立前期和中期：西班牙语的强制推行阶段；④多语言多文化时期：土著语言的保护和发展阶段。通过对不同时期制定的语言政策的研究，发现墨西哥的语言矛盾和冲突体现在西班牙语与土著语言之间错综复杂的关系中。

曹佳（2016）从思想融合角度切入，探究了墨西哥民族整合进程中土著民族对墨西哥国族认同的问题。该研究认为，墨西哥在整个殖民时期和独立之初所奉行的"西班牙语至上"原则直接导致许多土著语言的消亡。直到20世纪70年代，土著人民的民族意识才逐渐觉醒。他们开始积极主动地参与更广阔的经济生活和文化生活领域，促使墨西哥政府逐步接受本国多民族、多文化、多语言的现实，并调整和实施土著族群的"民族语—西班牙语"双语（以下简称"民西双语"）教育政策。

在从语言同化到多元化过程中，影响最为深远的事件莫过于1996年萨帕塔民族解放军起义以及由此产生的《圣安德烈斯协定》（*Los Acuerdos de San Andrés Larraínzar*）。该协定对保护土著民族权益的重大历史意义也引起我国学者的高度关注。

起义的一个重要诱因是起义军的根据地——恰帕斯州的土著人语言和教育问题。时至今日恰帕斯地区仍然是墨西哥土著民族最集中的州之一。恰

帕斯州拥有墨西哥第三的土著民族人口数量，却有着墨西哥第一的年轻人口
（0 ~ 24 岁）总数和文盲率。刘娟（2007）认为恰帕斯州土著民族人口的教
育问题一直被中央和当地政府忽视，致使该州文盲率和贫困率居高不下；另外，
大多数土著人口只会其民族语言而不会西班牙语。加上恰帕斯州多山多林的
特点，因此土著民族成员更是从地理和文化两方面都几乎与外部世界处于割
裂状态，法律法规亦无从渗透和起效。在这样的背景下，萨帕塔民族解放军
与墨西哥政府签署了历史性的《圣安德烈斯协定》。徐世澄（2001）补充道，
根据《圣安德烈斯协定》，墨西哥政府承认土著人有使用和发展本民族语言、
文化的权利。然而，该协定因为相互的不信任而一直没有兑现，谈判自 1996
年 8 月中断后也再未恢复。

## 3.2　墨西哥现行的土著民族语言政策研究

近年来，全世界对民族语言保护的认识大大提高，民族语言权利的问题
不再是某个国家的内政，已经成为全球辩论的焦点。

滕星和孔丽娜（2011）及张青仁（2014）都对近 30 年的墨西哥土著多元
文化教育发展进行了梳理和研究。他们都研究了墨西哥联邦政府为了推进土
著教育发展和努力缩小民族间的教育差距而积极采取的多种具体措施。滕星
和孔丽娜特别注意到政府加大资金投入、对土著儿童实行的双语言双文化教
育，以及增设不同类型的小学，开展多种形式的教育等措施和成效。张青仁
则重点指出在双语教学的实施过程中，土著学校对本社区教育的思考和改善，
以及在当前背景下西班牙语教学对土著社区发展的关键作用：

> 在有土著地方社会参与的教育实践中，西班牙语是其中的重要内容。
> 土著学校之所以坚持开设西班牙语课程，一方面在于土著人的教育诉求
> 并非对统一国民教育的彻底否定，而是强调族群文化在国民教育中的参
> 与并在学校教育与地方社会之间建立关联。当教育改革为土著民族教育
> 预留了一定的参与空间并赋予地方社会足够的自主性后，它们的诉求便
> 已达到。另一方面，在全球化、现代化的背景下，土著人也意识到西班
> 牙语的重要性。因此，地方社区参与的教育实践在回归土著文化传统的
> 同时，也呈现出立足当下、朝向未来的取向。不同社区依据本地实际情况，

在教学计划的设计上呈现出地方性与时代性相结合的特点。

复旦大学民族研究中心博士后陶染春（2015）的研究可能是近年来唯一一份关于墨西哥和中国两国的民族语言政策的对比研究。该研究将墨西哥现行的土著民族语言政策与新疆的"双语教育"政策作了详细对比，指出当前新疆双语教育的诸多问题，并且从墨西哥的民族语言政策中获得许多有益的启示。她首先把新疆双语教育政策问题的反思归结为以下三点：①重速度不重质量的学前"双语"教师培训；②汉语课程比重超过民族语课程；③忽视南北疆教育水平的差异。对此，她从墨西哥的多元文化教育中获得了如下启示：

（1）课程设置方面：将土著语言置于西班牙语之前，双语并重；

（2）双语教材方面：鼓励非政府机构和个人积极参与和分担民族语言文字研究、研究经费、教材开发等各种任务；

（3）师资力量方面：保证双语教师质量，另专设要求更高的"文化促进教员"，不断给教师提供再学习的机会；

（4）经费投入方面：土著地区教育拨款占到全国教育经费总量的 3%，甚至略高于非土著学生；政府提供免学费和课本费的土著学校，并且提供免费早餐和大量为土著学生设立的专项奖学金；

（5）教育形式多样化方面：以多种类型的学校和多样化的教育形式，适应土著社区地理和生活环境的特殊性。

## 3.3 当前墨西哥土著民族语言保护过程中存在的问题研究

1820 年墨西哥独立时，其国内使用土著语言的人口高达 60%，到 19 世纪末的短短几十年间，这一比例下降到不足 40%，而今天这个数字基本维持在 10% 左右。如果墨西哥的土著民族双语教育如此成功，那么为何还是无法遏制土著民族语言的大面积减少呢？因此我们必须承认，尽管墨西哥有目共睹的双语教育政策已经引起了越来越多学者的注意，但是实施的成效与预期结果之间仍然存在着巨大的差距。另外，从更宏观的未来趋势层面，全球范围内的民族教育成果很难阻止民族语言快速消亡的趋势。

当前针对墨西哥土著民族语言保护问题的研究，几乎全部集中在政府层面的政策制定和学校层面的双语教育。墨西哥土著民族语言问题专家阿梅尔（Hamel，2008）在全面回顾墨西哥土著语言政策和教育之后，提出了三个亟待解决的方面：完整的教育制度、语言权利、语言课程设置。他指出这三点之所以特别值得关注，是因为它们关系到"土著语言的法律基础，跨文化双语教育的课程设置和对土著人民教育的掌控"。

坎布隆（Cambronne，2009）在研究论文中对多个墨西哥土著民族的语言教育实例进行个案分析，并且结合了阿梅尔的以往研究，得出自己的观点。她在特别肯定墨西哥在两个方面的突出成就——20世纪90年代中期制定和实施的双语政策，和基层组织（学校）和个人萌生的保护意识——的同时，指出"'梅斯蒂索主义'仍然是阻碍多文化、多语言教育的最大障碍"。

她发现在教育制度和基础保障方面，国家层面确实已经加大了力度，土著学生也确实有了更多机会去学校学习，并且多数学校也积极努力促进双语教育的改善。但是实际的结果却并未如期待一样，依然无法阻止土著语言的边缘化趋势。最后坎布隆提出了她的解决方案，然而不无遗憾的是，这些解决方案仍然是从土著语言学习和土著学校这样的小范围内尝试改变，而并未对土著语言的发展规划提出建议。原因在于，墨西哥政府虽然给予了更多的硬件支持，但是并未解决根本的问题，即如何用土著语言为土著社区搭建一座通往大众教育的桥梁和为族群文化提供融入主流社会的机会。土著民族的语言和文化依然是孤悬于国家的整体教育和文化体系之外。土著学生心里自然而然地会产生一个无法解答的问题：纵然有再好的政策、再好的学校、再好的土著语言教育，但是如果我看不到语言本身可以带来的更好生活（或者我已经看到另一种语言带来的更好生活），那么我和我的后代学习土著语言有何用处呢？

我国学者也为墨西哥的土著语言保护问题提出了自己的看法。李清清（2013）和李丹（2014）的研究从教育政策的制定和执行的角度给出了建议，但是仍然不能回答这个基本问题："我和我的后代学习土著语言有何用处？"

担忧于这种隐藏于梅斯蒂索主义背后的、以同化为目的的跨文化双语教育模式，今天的墨西哥人开始将目光从上层语言教育政策的研究转向以文化为载体的大众媒体传播方式。这方面，由联合国教科文组织联合墨西哥土著语言作家协会（ELIAC）共同起草和发布的《2019年土著语言作家宣言》[1]（以下简称《作家宣言》）可谓是在这方面最新、最全面也最具代表性的文件。

总体而言，《作家宣言》旨在解决当前墨西哥国内土著民族语言、文学和文化的次等地位问题，以期塑造一个多民族、多语言、多文化的墨西哥。

《作家宣言》敦促墨西哥中央政府领导各级政府制定相应的公共政策和具体战略并真正将其付诸实践，将土著群体的实际需求放在首位，捍卫每个人以其语言生活的权利。《作家宣言》一针见血地指出，尽管墨西哥是一个自称为"多元化"的国家，但它远未达到所谓的"多民族、多语言、多元文化"的定义，土著群体一直被政府视为"次要群体"，这是不公平和荒谬的。因此，正如《作家宣言》中所主张的，"如果我们开始尊重并真正正视与我们共存的土著社区的存在，就可以扭转目前导致不同语言消失的趋势"。

为了达到这些目标，《作家宣言》指出未来工作的重点是以传统手段和新科技手段相结合的方式来保护和推广土著语言："促进对土著语言及其书面表现形式的认识和保护实现"，并且特别强调"通过传统和数字化手段，支持土著语言作品的生产、传播和消费的过程，使墨西哥大众能够获得便捷渠道，去接触这些共同源于墨西哥的不同语言所写就的文学作品"。

《作家宣言》明确提出以下三个具体措施：

（1）所有的教育方针政策必须包括对民族语言和文化的认识、研究和鉴赏。主要方法是通过学习土著作家创作的文学作品（古代和现当代）和将当地语言学习融合进多语言教育政策。因此必须从既成的、"以市场为单一导向"的观念中脱离出来，创造让世界了解土著语言和文化的机会。

（2）支持"通过传统和数字化手段，支持土著语言作品的生产、传播和消费的过程"。

（3）除了在现实空间的活动之外，还应当开辟更多媒体空间，共同传播"多语言文化项目"以及与土著社区有关的活动。

---

1　宣言全文可参考：Presentan la Declaración de Escritores en Lenguas Indígenas 2019. http：//www.onu.org.mx/presentan-la-declaracion-de-escritores-en-lenguas-indigenas-2019

# 第 4 章
## 墨西哥土著民族教育
## 政策的发展历程述要

关于墨西哥土著民族语言及教育政策的历史流变，墨西哥教育家、教育史学家伊丽莎白·马丁内斯·布埃那巴德[1]（Elizabeth Martínez Buenabad）的研究《墨西哥的跨文化双语教育：通往民主社会之路》（2015）做了非常详细的梳理和评论。文中将墨西哥民族语言政策发展历程大致分为四个主要阶段：①强制推行西班牙语教育阶段；②西语/民族语双语教育阶段；③国族/民族双文化＋西语/民族语双语教育阶段；④跨文化民西双语教育阶段。该文尝试打破墨西哥民族语言保护的理想主义出发点，尝试从更实际、更符合国情和民情的角度提出意见。

此文作为研究墨西哥土著民族语言历史、政策等领域的权威文献，被多方引用和转载，认可度很高。兹将文中有关墨西哥土著民族语言政策历史演变的大致内容翻译、整理、摘录并增补其他相关文献内容和本书作者评述。


## 4.1 从强制推行西班牙语到民西双语教育阶段：从同化到接纳（1900—1980 年）

16—19 世纪，西班牙征服者对墨西哥土著原住民进行了长达 300 年的殖民统治。在这三个世纪里，为了达到从思想领域到物质生活全方位彻底同化土著原住民的目的，西班牙统治者在殖民地强制推行全盘"西班牙语化教育"（Castellanización），土著人民被勒令禁止使用其民族语言，土著民族语言几乎完全没有生存空间。虽然其间西班牙人曾为了向原住民兜售天主教教义而一度放松了禁令，允许在特定场合有限使用土著民族语言，但很快此政策再次被全盘否定，重归单一的西班牙语教育。

这种对土著民族的全方位打压甚至持续到 19 世纪 20 年代墨西哥独立战争胜利之时亦未得到根本改善。由于建国初期国内各派系的纷争和对抗、国外多势力的入侵和干涉、波菲里奥·迪亚兹政府的独裁闹剧等一系列纷扰，

---

1 伊丽莎白·马丁内斯·布埃那巴德，人类学博士，墨西哥普埃布拉自治大学（Benemérita Universidad Autónoma de Puebla）社会学与人类学研究所教授，墨西哥国家研究员系统一级研究员。主要研究方向：教育人类学。Elizabeth Martínez Buenabad. La educación intercultural y bilingüe（eib）en México. ¿El camino hacia la construcción de una ciudadanía democrática？ Relaciones 141，invierno 2015，pp. 103-131. 电子文本可见 https://www.colmich.edu.mx/relaciones25/files/revistas/141/pdf/05_Elizabeth_Martinez.pdf

墨西哥真正开始正视土著民族教育还必须再等到近 100 年后的 20 世纪第一个十年，即墨西哥 1910 年革命之后。

19 世纪初，民族主义思潮席卷墨西哥，并最终促成了反西班牙独立战争的爆发和最终胜利。独立战争的领导者和新建立的共和国最上层统治者依然是白人精英阶层，他们自然会依照本阶层的意志去塑造这个新的民族国家，并迫切地期望树立和普及真正意义上的现代民族国家思想。白人精英注意到，通过大众教育可以最有效地将国家三个世纪的殖民架构转变为崭新的、自由的公民社会，在所有墨西哥人心中——白人后裔、梅斯蒂索人、土著原住民及境内其他族裔——根植统一的民族国家认同和公民意识。因此，所有墨西哥公民都被纳入一种统一的、无差别的全民教育计划，土著人民必然也包括在内。

然而，彼时墨西哥教育资源的严重匮乏和分布不均意味着全民教育的触角只能伸展到城市地区，而身处山村贫困地带的大多数土著人口则无法获得接受教育的机会。因此在 1830 年，白人移民、原住民和西班牙后裔首次联手，计划不惜一切代价消除人口差异，实现全民教育的目的，进而完成墨西哥民族统一性建构。从中我们可以看出，计划制定者认为实施的首要条件是"消除人口差异"，即消除"原住民"概念本身。他们认为，如果原住民在教育方面受到不同或区别对待，如此必然存在分化土著原住民群体的风险，从而削弱墨西哥民族的统一性。那么"教育应当是消除文化壁垒的必要动力。这些文化壁垒，例如宗教迷信、多种语言和古老的社会组织形式，使土著民与其他墨西哥公民区分开来"。

波菲里奥·迪亚兹[1]（Porfirio Díaz）上台后，这位独裁者认为土著人口的存在极大地阻碍和限制了国家经济、社会、文化的进步与发展。因此，迪亚兹政府将土著公民教育的重点放在了如何消除土著民族人民"土著性"（deindianización）之上，当务之急是使土著人口接受统一的国民教育，使他们开化（civilize them）并使之达到普通墨西哥公民的水平。

1911 年，墨西哥革命战争胜利，推翻了独裁者波菲里奥·迪亚兹的统治。但彼时实行的基本教育方针仍坚持通过统一的"国家语言"教育，即西班牙

---

1　波菲里奥·迪亚兹（1830—1915），墨西哥前总统，军事将领。主政期间（1876—1911）推动了经济现代化与基础设施建设，使墨西哥获得快速发展。然而，他的亲外资政策加剧了财富不均，并通过独裁手段压制异见，引发了 1910 年的墨西哥革命。

语化教育，将所有国民全部纳入"墨西哥国族化"（Mexicanization）进程。这一方针反映在 1911 年由教育家格雷戈里奥·托雷斯·金特罗[1]（Gregorio Torres Quintero）起草的《基本教学法》（*la Ley de Instrucción Rudimentaria*）中，该法更是将土著文化定性为"倒退的文化"（backward），其核心思想意在同化土著民族人民。墨西哥迈向现代化的基础之一是改造"倒退"的土著民族，而改造土著人口的第一步则取决于用西班牙语推行国民教育。

1913 年，墨西哥政府开始实施的"国族总体教育"计划（el programa de Educación Integral Nacionalista）又将"国家语言"教育推进一步。该计划试图对土著民族人民直接实施无差别的西班牙语教育，"因为只有这样才能抹去土著民族人民的'土著性'"。

当时已有本国教育家认识到统一的国家语言教育方针的缺点，提出了质疑和批评。墨西哥人类学之父、土著原住民运动先驱曼努埃尔·加米奥[2]（Manuel Gamio）富有前瞻性地指出，应当在保留土著人民文化和权利的基础上，使他们与外部世界接轨。从此后的历史实践可以看出，墨西哥土著民族教育政策之路正是沿着加米奥教授所指出的方向，一步步向前发展。然而彼时刚刚经历了革命战争创伤的墨西哥仍没有足够的勇气接受变革。

从上述历程可以看到，直到 20 世纪初墨西哥推行的土著民族语言文化政策，更多着眼于"同化"原则。即使是加米奥先生所推崇的墨西哥国家语言教育政策，以及其中针对土著民族语言的指导意见，仍是从实际统治者的眼光，从俯视角度看待教育的方向和文化的去留，几乎没有考虑到土著民族人民的意愿和需求（张青仁，2014）。

新的尝试发生在 20 世纪 20 年代，以 1925 年在墨西哥城实施"土著学生之家"项目（Casa del Estudiante Indígena）为标志。"土著学生之家"（也称"国家土著寄宿学校"）是当时新政府建立以后开展的最大的社会心理实验，该项目意在尝试从土著青年学生入手，通过这些接受过国家教育体系培养的土著青年之手，影响和建设他们所归属的土著社区，从而达到带领土著社群

---

1 格雷戈里奥·托雷斯·金特罗（1866—1934），墨西哥教育家、作家，以推动墨西哥基础教育改革而闻名。他发展出"分析法"教学法，使识字教育更为高效，主张通过教育促进社会进步，致力于提高乡村地区的识字率，对墨西哥教育产生了深远影响。

2 曼努埃尔·加米奥（1883—1960），墨西哥考古学家、人类学家、社会改革家，被视为墨西哥人类学的奠基人。他倡导通过教育与经济改革改善土著人民生活，著有《墨西哥大地之人》，影响了墨西哥的文化政策与民族认同。

尽快融入现代文明生活的目的[1]。然而项目的最终结果既完全背离了初衷却又在情理之中：绝大多数原本应当推动变革的土著学生不再愿意回归所在社区，由此宣告了该项目最后以失败告终。然而此次尝试依然留给墨西哥教育界很大震撼，"土著学生之家"试验彻底推翻了以往那些认为土著人的智力和体质上不如白人的论断，使未来的土著民族教育可以建立在更加科学、现代的教育学理念之上。

　　另一方面，西班牙语化教育阵营也开始调整前进方向，他们的新尝试由一批语言学家领导，产生出重大转变：首先以本民族语言教授土著人民，待其民族语言和基础知识达到一定水平之后，再引入西班牙语的学习和其他学科的教育。此方针在本质上仍以西班牙语教育为核心，将土著语言教育作为西班牙语教育服务的铺垫和基础。

　　1934 年"土著教育与文化部"（Departamento de Educación y Cultura Indígena）成立，其主导的"塔拉斯科计划"[2]（Tarasco Project）于 1939 年在墨西哥多地开始实施。和前述"土著学生之家"不同，"塔拉斯科计划"不是一项单一的项目，而是对在米却肯州塔拉斯科高地地区[3]进行的多项独立或半独立项目的统称。这一系列语言教育和民族学[4]研究尝试的起止时间、发起者、实施方法、教学受众等主要方面都各不相同。这些计划的结果对土著民族语言研究产生了极为深远的影响：它为当地培养了一大批本土语言教师，

---

1　该项目组织者从人口数量较多的 27 个土著族群中，挑选了 200 名学生，这些学生都是纯正的男性土著青年，年龄为 11 ~ 19 岁，具有良好的智力和身体素质，并且他们只会说本族语言。选定的土著青年被聚集到墨西哥城统一的校舍里，在完成了基本的语言指导后，就开始接受手工、农业或工业贸易等学科的学习。完成学业后，按计划他们将以地区发展的领导者和管理者身份回到其所属社区，向社区民众教授现代文明的生活方式，激励他们做出改变，摆脱落后状态。

2　"塔拉斯科计划"是 20 世纪中期墨西哥政府发起的一项发展项目，旨在改善米却肯州的土著普雷佩查（Purépecha）社区的经济和社会条件。该项目受到人类学家曼努埃尔·加米奥思想的影响，结合了基础设施建设、农业技术改良、教育普及等措施，旨在推动土著群体的现代化，同时保留他们的文化传统。然而，由于缺乏对当地需求的深入理解，项目最终并未取得预期成效，反而揭示了政府政策与土著文化之间的矛盾。

3　之所以这些项目都选择在米却肯州的塔拉斯科高地地区进行，首先是因为该地有较大规模的土著民族聚居区域，当地居民绝大多数为普雷佩切族人（Purepeche），说塔拉斯坎语（Tarascan），这为研究者提供了一个较大的、相对同质的，且相对独立的研究群体样本。另一个重要原因或许在于这里是时任墨西哥总统拉萨罗·卡德纳斯（Lázaro Cárdenas）的故乡，卡德纳斯总统本人对土著事务和人类学研究展现出浓厚兴趣。这位墨西哥"民主化之父"十分关注土著居民生活状况的改善，并大力支持土著民族领域的研究。在其六年任期内（1934—1960），不仅支持多个相关机构的建立、促成多项国内国际合作项目，其个人亦经常参加相关会议或活动。

4　此时墨西哥民族学研究重点亦从国家和各民族历史研究，向当代土著社区和混血人口研究领域转移。

激发了当地学生（包括儿童和成人）强烈的学习欲望[1]，证实了通过土著语言教学也可以间接实现墨西哥国族身份的有效灌输。

值得一提的是，"塔拉斯科计划"是墨西哥历史上首次由本国和美国人类学家、语言学家和其他学科专家发起和协同工作，并且得到了两国政府和相关机构的大力支持。"塔拉斯科计划"的研究项目同时也被纳入更高层级的国家服务项目之中。

经过以上近20年的针对土著民族语言教育领域的不断探索和尝试，最终促成了1939年第一届墨西哥语文学家与语言学家大会的召开。在该会议上，首次历史性地提出未来土著民族教育的总体方针，即"土著民族的教育模式应以双语教育为基础与核心，并且应首先教授当地民族的语言知识，而后教授国家通用语言（即西班牙语）"。大会另一项影响深远的成果是创制土著语言标准字母表的决定。土著语言标准字母表的采用意味着，不仅理论上所有的土著语言（包括其所有方言或变体）都可以通过字母拼写的方式被记录和书写下来，而且未来土著语言的标准化进程也必然在此基础上进行。

不过不到十年时间，由于种种原因"塔拉斯科计划"的一系列项目本身实质上并未获得成功；土著语言教育的成果很大程度上也仅局限于对双语教育的观念确立和政策准备阶段，在推行和实施阶段仍需要面对以下三个主要问题：①"国族凌驾于单个民族之上"的观念依然在整个社会领域占统治地位；②土著语文的教学资料极为匮乏；③合格的双语师资力量严重不足，各地土著教师的综合教学能力亟待提高，而外来教师又不通晓当地语言和文化。另外，在拉萨罗·卡德纳斯[2]总统的任期结束后，双语教育和文化多样性原则再次遭到那些"坚持国家语言教育"的保守派的反扑，土著儿童被禁止在学校使用本族语言，土著语言政策发展进程又一次遭受挫折。

然而，以"塔拉斯科计划"和第一届墨西哥语文学家与语言学家大会等丰硕成果为缩影，我们可以看到墨西哥政府在被誉为"民主化之父"的卡德纳斯总统的领导下，树立起"土著社群完全可以在不牺牲其文化为代价的基础上融入国家主流社会"这一民族融合的中心原则。未来墨西哥土著民族语

---

1　特别是当地居民通过以本民族语言进行的指导后，已能够拼写和阅读本民族语言。
2　拉萨罗·卡德纳斯（1895—1970），墨西哥前总统（1934—1940），以推进土地改革和民族主义经济政策著称。他在任期间将大量土地重新分配给农民集体，并于1938年实现石油国有化，收回外国石油公司的控制权，极大地提升了墨西哥的民族自豪感和经济自主权。

文教育虽仍将经历无数波折，然而其发展方向总是按此原则前行。

1948 年，国家土著研究所 [1]（Instituto Nacional Indigenista，INI）建立，原住民协调中心也随之成立。但直到 1963 年，墨西哥公共教育部才再次提出，要重新按照"塔拉斯科计划"的方案和目标，恢复双语教育政策。但由于技术和专业仍存在不少缺陷，加之过程中存在的腐败等问题，导致计划实施困难重重。

1977 年，《全国文化促进员和双语教师的服务宗旨》（Servicio Nacional de Promotores Culturales y Maestros Bilingües）颁布，从法律层面规定了土著文化促进员和双语教师的职业资格标准。该宗旨提出了三项基本条件：

（1）来自所服务社区的土著人士；

（2）掌握西班牙语、土著语言和所服务社区的土著方言；

（3）达到"基础中级教育"学历 [2]（educación media básica）。

除以上三项基本条件外，申请者还需参加综合知识测试和心理测试，并出具其所在社区开出的品德认证；如果申请人为 18 岁及以上的男性，还需出示兵役卡 [3]。

但事实上，由于没有足够的教师职业培训支持，绝大多数申请者都无法满足上述要求，文化促进员和双语教师的数量自然得不到实质性增加。在更广阔的社会生活中，土著人口群体和梅斯蒂索群体之间的从属关系也没有显著的减弱迹象，那些所谓的"社会融合"的成功案例，更像是"让土著群体脱离其所在社区，转而置于梅斯蒂索人的社会规则之中"。

然而尝试改变的新曙光亦出现在此时，这次的主角变成了土著人民自己。1970 年，公共教育部推行了一系列教育改革，极大地促进了新一轮的土著原住民自觉运动：一方面，这些运动大多由各地的双语教师参与甚至领导；另一方面，许多原住民团体也开始争取更积极、更真切地参与政治生活的权利。这就意味着，土著原住民运动开始从土著原住民自身角度思考未来的前进方向，争取切实的土著代表制度和社区自治制度。

这些努力最终促成了 1978 年土著教育总局（Dirección General de Educación Indígena）的成立。作为公共教育部下辖的一个专业部门，土著教育总局主要

---

1　该机构已于 2000 年撤销。

2　墨西哥的中级教育分为"基础"阶段和"高级"阶段，类似于我国初级中学和高级中学的分别。

3　所有年龄在 18～40 岁的墨西哥公民，都有义务履行为期一年的国家军事服务（SMN）。2000 年之前这项义务仅针对男性公民，2000 年之后允许女性自愿履行。

针对土著学生的各项具体项目，制定计划、方案、实施论证、技术支持和专业培训。然而土著教育总局的主要工作方式仍带有一种强烈的"加米奥式的"、以"国族化"为目的的模式。

## 4.2 国族/民族双文化+西语/民族语双语教育阶段：从接纳到并行（1980—2000 年）

1979 年，墨西哥全国教育工作者协会[1]（Coordinadora Nacional de Trabajadores de la Educación，CNTE）成立。该组织强调一种以底层社区为源头的、自下而上的土著教育体系，摒弃泛滥的"中央化、标准化、脱离生活化"的教育倾向，主张建立一种全新的系统，以土著社区为中心，由教育工作者、学习者和家长共同参与建设。墨西哥全国教育工作者协会的出现，标志着墨西哥土著民族教育体系重大转型的开端，开启了未来土著民族教育的新风向。

1983 年，《土著教育理论基础》（*Bases Generales de la Educación Indígena*）颁布，标志着一种新的土著民族教育模式的出现，即"双文化双语模式"，双文化指墨西哥国族文化和土著民族文化，双语指民族语和西班牙语。然而尽管该模式是基于墨西哥国家多元文化背景而制定的，但由于其在当时过于激进，因此饱受保守人士的非议，以致当时该模式最终未能得以实施。

1992 年，墨西哥政府通过了《宪法修正案》，将国家定义为"多文化和多语言国家"。

同时，新修正的宪法第四章特别强调在全球化、一体化的新形势下，新土著主义（neo-indigenism）应着眼于对民族自治的要求和对民族意识的重新唤醒，新土著主义要求一种崭新的社会话语体系。这两大重大转变标志着墨西哥终于结束了建国一个多世纪以来针对土著民族的同质化、单一化国族身

---

1 墨西哥全国教育工作者协会是一个非官方教师工会组织，成立于 1979 年。它成立的目的是抗议墨西哥全国教师工会（Sindicato Nacional de Trabajadores de la Educación，SNTE，为墨西哥官方的教师工会组织）的腐败，并为教师争取更好的工作条件、工资和教育改革。墨西哥全国教育工作者协会特别活跃于墨西哥南部的瓦哈卡、恰帕斯和米却肯等州，经常组织抗议活动，反对政府的教育改革，特别是那些他们认为不利于教师和社区利益的政策。全国教育工作者协会在墨西哥的教育政策和社会运动中扮演了重要角色，代表了基层教师的声音和诉求。通过建立之初制定的二十二条基本原则（附录 4），该协会一直保持马克思列宁主义的本质，具有相当程度的社会主义左翼立场，坚持对资本主义国家体系和政府的不信任和批判。该协会时刻关注国家教育政策的监督、维护宪法赋予教师群体的各项权利，对社会两极分化、对教育不平等保持高度警惕。

份体系的方针。

1993 年，《教育基本法》（*Ley General de Educación*）颁布实施，强调促进土著语言教育的重要性，不过该法律仍然欠缺对教学法和课程等具体方面做出系统性的指导和阐述。

然而令人沮丧的是，新一届政府虽然承认土著社群的权利、文化、语言和传统，但在土著教育框架之内却只规定了西班牙语为必修课程，而这样的指导方针甚至可以说是有悖于墨西哥宪法的相关精神。

不过就在此时，发生了两件彻底改变墨西哥土著人民命运的重大事件。第一件是 1991 年国家教育系统去中心化的正式实施，意味着墨西哥联邦政府不再主导各州的教育，各州可根据当地历史文化和具体情况制定和实施相应的教育方针政策和法律法规。

另一件则是 1994 年轰动全球的萨帕塔民族解放运动的爆发，以及该运动引起的、针对土著民族权力的重大改革。

1994 年 1 月 1 日，萨帕塔民族解放运动的爆发开启了土著原住民运动的新历程。在这场运动中，土著民族总体教育、各土著民族群体的文化和语言三方面成为萨帕塔民族解放军与联邦政府交涉与谈判的主要议题，也成为联邦政府未来考虑教育相关议题时必须首要关切的核心内容。

萨帕塔人提出的"再也不是那个没有我们的墨西哥"（Nunca más un México sin nosotros）口号，真切地反映了贯穿于 20 世纪 90 年代的墨西哥土著原住民运动的成果。土著原住民的存在事实不再允许被忽视和被隐藏，他们国民身份的特殊性激起了关于"公民"定义的新一轮社会大探讨。这一轮风起云涌的社会大探讨集中展现在"民族—政治"运动和组织中，它们挑战了从 19 世纪延续至今的、"自上而下"的国家模式，并将一些被长期搁置的重要议题再次摆上议事日程，其中就包括关于土著公民权利内容的诉求问题：这些诉求提出土著公民不应只是享有社会、政治和文化领域的平等与正义的权利，而且应当同时享有基于民族个体性和跨民族语境之下的政治和法律模式的权利。

1995 年，墨西哥政府发布《1995—2000 年教育发展计划》（*Programa de Desarrollo Educativo* 1995-2000），该计划以保障教育的公平、质量和关联性[1]

---

1　教育的关联性（relevance of education），即教学内容与学生自身生活、学习、工作等方面的相关程度。

为目的。另外，该计划也是墨西哥历史上首次在基础教育领域中提出关于移居他地的土著人口的教育问题。

1997 年，全国土著民族小学教育开始实行新的指导方针：由以西班牙语为主的双文化双语教育转向跨文化双语教育。至少在文件名义上，西班牙语的语言地位退居"第二语言"，位列土著民族母语之后。此时，土著民族的教育问题慢慢开始落实到从土著教育基本原则出发的教育模式设计之上：该教育模式要求针对土著民族的教育不仅仅局限于土著语言的教授，更重要的是能够充分反映土著民族自身的社会、自然、文化状况。学校作为沟通国家层面和土著社会的桥梁，在土著民族教育模式设计上起到了积极作用，开始反映和保障土著公民的权利，以及墨西哥现有文化、民族和语言的多样性。就像我们看到的那样，经过近 200 年针对土著民族教育方针的理论研究和探索实践，墨西哥从社会、经济、文化等各个方面都已经准备就绪，即将迎接一场真正意义上的民族教育领域大变革。

## 4.3　跨文化双语实行阶段：从并行到融合（2000 年至今）

2000 年，进入新千年之际，墨西哥联邦政府发布了新的《国家发展计划（2001—2006）》（*Plan Nacional de Desarrollo* 2001–2006），该计划中关于土著民族教育方面的最大亮点是明确提出了"从土著民族群体的历史传统和现实现状出发，为其提供跨文化双语教育（Educación Intercultural Bilingüe）"。

《国家发展计划（2001—2006）》第四章"联邦行政职责"中"教育革命"一节，提出了旨在消除社会不公、寻求更广泛平等权利的教育改革目标，标志着从最高层面将民族、文化、语言的多样性视作建设一个独立民主平等的多文化国家的重要基石。而达成上述教育改革目标的道路之一，即是跨文化双语教育理念，"在当今世界多民族多语言环境下最具指导意义的教育方法"。

《国家发展计划（2001—2006）》提出跨文化双语教育方针的第二年，跨文化双语教育协调处（Coordinación de Educación Intercultural Bilingüe）成立。

2003 年，在墨西哥教育史上具有划时代意义的《土著国民语言权利基本法》[1]（*Ley General de Derechos Lingüisticos de los Pueblos Indígenas*，以下简称《基本法》）颁布实施，这是墨西哥历史上首次通过法律形式正式将土著民族语言和西班牙语一起定义为墨西哥的"国家语言"，承认它们在墨西哥所有领域"具有同等效力"。该法律在第十一条中规定，土著人民有权要求在整个初级教育阶段以跨文化双语的方式接受教育。据此，1993 年颁布的《教育基本法》也进行了相应修改，在第七条第 4 款中规定："通过传授民族语言多元性的知识和对土著人民语言权利的尊重来促进这一发展。"跨文化双语教育协调处也作出回应，在其负责的跨文化教育研究领域，积极探索文化多样性和教育之间的相关问题，为教育政策的制定与课堂教学的实践出谋划策。

步入新千年第二个十年的墨西哥，其整个教育系统将迎来另一个重大挑战，即探索如何在新时代背景之下，利用各种政治、教育、经济、科技等手段，将统一的国族教育与各具特色的民族教育无缝衔接、并置前行。为了这一目标，墨西哥人坚信必须把国民教育的重心放在将所有的墨西哥人培养成这样的未来公民："他们理性和高尚，充满自觉和自由意识，拥有无可替代的独立人格；他们认同权利与相应义务，是价值和理想的创造者。"

---

1　《土著国民语言权利基本法》的主要内容介绍请参考本书6.1节"墨西哥土著民族语言的基本方针"；《土著国民语言权利基本法》全文请参考附录1。

# 第 5 章
# 墨西哥土著民族语言的现状述要

今天，虽然墨西哥是一个"多民族、多文化、多语言"国家，拥有拉丁美洲最大的土著群体，但是西班牙语仍占有绝对的优势地位：约90%的人口将西班牙语作为第一语言和政府通用语言，也广泛地被土著族群用作他们之间的通用语。

## 5.1 语言地位（官方语言）问题

西班牙语是90%的墨西哥人的生活用语，也是墨西哥国家政府机关在几乎所有的官方场合和正式场合使用的语言。但严格来说，没有任何法律文件或其他官方形式将西班牙语明文指定为墨西哥官方语言，而《基本法》第一章"总则"中规定，由于历史原因，土著语言和西班牙语都是墨西哥的国家语言（lenguas nacionales），在任何地理环境和语言环境中都享有同等的地位（第四条）。

墨西哥不仅在名义上将国土之内的所有土著语言和西班牙语都列为国家语言，而且现实生活中也积极促进土著语言融入社会基本生活的各个领域，此中最基本也是最重要的一步就是土著语言的标准化、规范化。截至2020年，国家土著语言研究所已经将17种土著语言进行标准化、规范化，这些语言被用在国民教育（如土著语国歌）和民政（如出生、死亡、结婚等正式文件）等正式场合，并且也用于未来《土著人民权利宣言》等纲领性文件的具体实施过程中，例如振兴、使用、发展和向后代传授其历史、语言、口述传统、思想体系、书写方式和文学作品；确保土著人民在政治、法律和行政程序中能够理解他人和被他人理解，必要时为此提供口译或采取其他适当办法；构建、实施和发展平等的受教育机会；建立土著语言媒体平台等，土著语言的标准化、规范化将起着决定性作用。土著语言经过标准化、规范化以后，国家土著语言研究所将进一步寻求语言的"官方化"[1]（institucionalizar）。这些官方化后的土著语言将具有官方用途，用于所有官方文件的版本中，例如至今已有45种土著语言版本（含语言变体）的墨西哥宪法全文或部分重要条款可供查阅。另外，官方化的语言在公共和私人领域的用途也会更加广泛。因此这些语言

---

[1] 官方化即"将标准化、规范化后的民族语言应用到所有或部分官方场合"。

也会获得更广阔的生存空间，普及率会更高，使用者也会更多。

## 5.2　土著民族人口和语言的基本数据

　　截至 2018 年，墨西哥土著民族人口约为 1 200 万，约占 1.29 亿总人口的 1/10。根据墨西哥政府 2023 年的统计数据，当前使用民族语言的土著人口约为 700 万，其中 600 万以上为土著语和西班牙语的双语使用者，仅使用民族语言者约为 100 万。根据墨西哥公共教育部（SEP）2020 年的数据，墨西哥全境的土著学校约 22 000 所，学生总数约为 120 万[1]。

　　墨西哥国内有 68 个土著民族群体，几乎每一个民族群体都有其特有的语言。这些土著社区的存在表明，在西班牙入侵之前，土著人在墨西哥土地上拥有丰富的语言和文化资源。和中国情况非常类似，墨西哥绝大多数的土著民族语言是各自独立、自成系统的。具体来说，除西班牙语外的 68 种墨西哥土著语言可以被划分为 11 种语族，这些语族又可以被细分为多达 300 种以上的语言变体（方言），语言总数位列世界第五，总人口与语言总数之比位列世界第三。

　　按土著民族语言人口划分，纳瓦特尔语（náhuatl）和玛雅语（maya）是最大的两个土著民族语言群体，使用人口分别为 170 万和 86 万；其他较大的语言族群包括：塞尔塔尔语（tseltal）、米希特克语（mixteco）、索契尔语（tsotsil）、萨波特卡语（zapoteco），使用人口均在 50 万左右；奥托密语（Otomí）、托托那卡（Totonaca）语、乔尔语（Chol）和马萨特科语（Mazateco），使用人口在 20 万～30 万。2/3 的土著民族语言存在消亡的危险。

## 5.3　土著儿童和青少年教育情况数据

　　墨西哥国家教育评估研究所（INEE）和联合国儿童基金会（UNICEF）联合发布的《2015 年墨西哥土著人口教育情况总览》的权威数据显示：

---

1　数据来源：https://www.adn40.mx/mexico/nota/notas/2020-08-22-18-03/educacion-indigena-tendra-100-programas-bilingues-en-el-aprende-en-casa-ii

（1）在将近 400 万名土著儿童和青少年（3 ~ 17 岁）中，有 180 万人使用其民族语言。他们中的 140 万人居住在农村地区，30 万人居住在城市郊区，城市地区人口仅 10 万。理论上，所有土著民族儿童和青少年都享有以其本族语言接受教育的基本权利。

（2）2014 年，墨西哥 0 ~ 17 岁人口中处于贫困状况的占 53.9%（约 2 140 万人）。然而，这个比例在土著家庭的未成年人中达到近 80%，土著民族语言使用者的贫困人口比例更是达 90.8%。

（3）15 岁以上土著人口的文盲率约为 1/5（19.2%），是全国平均水平的三倍，15 岁以上的土著民族语言使用者的文盲率甚至达到 1/4（25.2%）。

（4）在全国近 2 600 万名基础教育阶段的学生中，至少有近 120 万名土著民族学生使用当地语言，他们中至少有 1/10 不会说西班牙语。

2017 年和 2018 年，墨西哥国家教育评估研究所和联合国儿童基金会联合发布了《2017 墨西哥土著和非洲裔人口教育情况总览》（*Panorama educativo de la población indígena y afrodescendiente* 2017）和《2018 墨西哥各州土著人口教育情况总览（全国册）》[1]（*Panorama Educativo de la Población Indígena y Afrodescendiente* 2018），报告表明：

（1）大约一半义务教育适龄的土著人口和 3/4 的土著语言使用者生活在农村地区。

（2）虽然墨西哥全国人均教育水平达到中学三年级，但仅有 32.8% 的土著人口可以完成中学教育，仅使用民族语言的土著人口更是很难达到小学五年级的教育水平。如果以每十年为一个"总体教育水平进步单位"，那么土著人口教育水平相对于全国平均水平落后三个"总体教育水平进步单位"。

（3）近 1/5 的土著人口（17.8%）处于文盲水平，1/4 的土著民族语言使用者无法读写，这两个数字远远高于全国水平（5.5%）。

（4）9.5% 土著学校的学前班无法配备掌握当地土著民族语言教学的老师，土著民族最为集中的恰帕斯州所占比例最高（21.7%）。

（5）在用于教育的电脑设备配置方面，仅有 8.7% 的远程高中教育社区[2]

---

1　具体内容见附录 3。

2　远程高中教育社区是墨西哥政府为解决偏远山区儿童就学问题而特别设立的，在广播、电视、网络等电子媒介上进行的远程教育系统。详细信息可参考墨西哥政府网的介绍：¿Qué son los Telebachilleratos Comunitarios?. https://www.gob.mx/sep/articulos/que-son-los-telebachilleratos-comunitarios.

和29.1%的综合性土著社区可以达到每台电脑最多不超过8名学生共用的基本要求。

（6）从12岁年龄段开始，来自土著地区且仅会说少数民族语言的人口中，妇女入学率比男子低。相反，在国家总体水平层面，妇女上学的人数比男子多。

2020年的人口普查（Censo 2020）数据显示，尽管墨西哥青少年的入学率稳步提高、全国文盲比例快速下降，但是土著民族群体缺乏教育机会的现实仍然触目惊心。普查数据表明，墨西哥全国文盲比例为4.9%，但在瓦哈卡、格雷罗和恰帕斯三州，文盲比例飙升2～3倍（分别为10.2%、11.6%和13.3%）。上述三州同为墨西哥全国使用土著语言比例最高的地区，因此这一关联并非巧合。如果再结合墨西哥政府在最近20年里为土著民族语文保护所做出的努力，我们可以得出结论：在墨西哥，即使土著民族人民受教育权利受到法律保障，然而在社会、经济、文化等因素的影响下，在校园建设、师资培养、教学软硬件配备等现实问题的驱迫下，土著民族的语言教育问题依然严重。

## 5.4　土著民族语和西班牙语双语教育数据

从上述数据可以看出，政策的制定、实施及其效果三者之间仍存在着明显差距。不过根据土著教育总局的数据，在现有的条件下，墨西哥土著民族语和西班牙语双语教育仍取得了一些显著的成绩：

（1）超过60%的学校含有土著语言的教学内容，即包含土著语言教师、土著语教学资料和土著语在当地社区的应用；另外，约40%的学校根据所在地区的情况对土著语言教学内容制定相应计划。

（2）土著民族小学中，会使用当地土著语言的教师约占教师总数的50%～60%[1]。

（3）土著语言教科书和资料种类从2008年的约250种跃升为2018年的600种。

---

1　此比例数据由多份权威资料综合估算得出。数据来源：土著教育总局、《2014年墨西哥教育情况总览》、《2016年关于改善土著儿童和青少年教育准则》。

# 第6章
## 当前墨西哥土著民族语言政策

## 6.1 墨西哥土著民族语言的基本方针

墨西哥独立以来，该国的土著民族语言政策经历了两个重要时期：西班牙语的强制推行时期和多语言的共进时期。建国初期，以前殖民地白人精英为主的中央政府坚信，这个新建立的民族国家的未来应当建基于统一的民族意识之上。墨西哥政府于 1824 年颁布了《墨西哥联邦宪法》[1]（以下简称《联邦宪法》），规定墨西哥只有西班牙语为合法语言。所有原住民必须接受西班牙语授课，土著文化和语言被完全摒弃在国家发展框架之外。这项政策的实施加剧了墨西哥国内的主流群体与土著民族的割裂，加速了土著群体的边缘化，土著社区连同土著传统、文化及其语言都成为落后、贫穷和无知的代名词。这种强制性的同化政策直到 20 世纪 70 年代才因原住民的强烈反抗而得到巨大改善，其中土著民族的自我意识觉醒和全世界民族语言文化的保护思潮是墨西哥政府转变民族政策的主要原因。

墨西哥土著民族语言的保护和发展始于 20 世纪 70 年代后期，土著民族意识逐渐觉醒，并且有机会参与国家事务。特别是 1994 年萨帕塔民族解放军领导的起义，对土著民族在墨西哥的历史地位产生了深远影响。1996 年，萨帕塔民族解放军与墨西哥政府签署了《圣安德烈斯协定》，承认土著民族文化的价值和独特性，首次规定土著语言与西班牙语具有相同的社会地位，并受到国家语言政策的保护。《圣安德烈斯协定》标志着墨西哥政府对土著民族政策的重大转变。

我们从墨西哥今天的《联邦宪法》可以看出这种转变是何其重大。宪法开篇第二章即确定了墨西哥土著民族的历史地位。针对土著民族的自决权问题，宪法规定在法律框架之内土著民族社区享有完全的自治权和自决权，并且可以享有一些特殊权利和保障。在后续各章（教育、土地、行政领域等）又多次重申土著民族、社区和人民的具体权利。值得特别注意的是，整部《联邦宪法》都未有提及任何有关语言地位的问题，"西班牙语"一词更是在全文中都没有出现，反倒是对土著民族群体的权利保障作了多方面的详细说明。由此可见，墨西哥政府一反建国时宣扬的"单一民族（墨西哥民族）、单一语言（西班牙语）"的政策，转变为将墨西哥多民族、多文化、多语言的国

---

1　全文参见：https://www.dof.gob.mx/constitucion/Constitucion_Mayo2017.pdf

情现状视为国家难得的财富，积极保护和发展民族多样性和丰富性的方针。

2003 年墨西哥政府颁布了一部具有划时代意义的新法律——《土著国民语言权利基本法》。除《联邦宪法》外，《基本法》可谓墨西哥历史上最重要、影响最深远的土著语言保护法律，甚至很大程度上可以说《基本法》比《联邦宪法》更具实际指导作用。从总体目标到细节措施，《基本法》规定了土著语言与西班牙语一起被称为"国家语言"（lenguas nacionales）。

《基本法》包含四章二十五条，具体内容概括如下：

第一章"总纲"（第一至八条）指明基于历史文化传统的因素，土著语言和西班牙语都统一归入"国家语言"之列。具体内容包括：规定《基本法》的适用范围（第一条）；界定"土著语言"（第二条）；明确土著语言在整个墨西哥民族的历史地位（第三条）；说明土著语言具有同西班牙语平等的有效性（第四条）；概述职权部门对保存、发展和使用土著语言应履行的义务和措施（第五、六条）；强调保障土著语言与西班牙语在所有公共事务和公共服务领域相同的权利（第七条）；规定任何人不得限制或歧视某种语言或语言使用者（第八条）。

第二章"土著语言使用者的权利"（第九至十二条）规定在任何时间、地点、场合，所有墨西哥公民都有权使用自己的民族语言。具体内容包括：规定任何墨西哥人在任何场合和领域都有使用自己语言进行交流和书写的权利（第九条）；确保土著社区和成员在参与国家司法事务过程中使用自己语言的权利（第十条）；规定土著居民享有义务双语教育和跨文化教育的权利，规定中等和高等教育机构还应当积极构建跨文化、多语言环境，尊重语言多样性和语言权利（第十一条）；强调土著族群也负有实践本法案的相同义务，应当鼓励家庭和社区环境使用或恢复使用民族语言（第十二条）。

第三章"职权的分配、协调和配合"（第十三条，含 15 款）：阐明职能的分配、合作与协调，并详细指出全国各职能部门、相关机构和组织的具体工作。具体内容包括：详细说明土著语言保护、保存、促进和发展的总目标（第 1 款）以及为实现这一总目标所应采取的具体措施。联邦政府及各级部门应当与全社会多方面协调合作，建立相应机构并在各自权限范围内开展以下活动：维护土著社区（第 2 款）；促进大众媒体传播（第 3 款）；将土著语言历史和贡献引入正规的基础教育（第 4 款）；监督学校的土著语言工作（第 5 款）；促进双语教师教育（第 6 款）；开展土著语言和文学研究（第 7 款）；建立土著语言资料保存机构（第8款），特别强调公立图书馆的使命（第9款）；支持成立多种形式的民族语言调查研究机构（第10款）；支持土著语—西班牙语口笔译人员的培训和认证（第11款）；确保公职人员必须了解在其服务区域所需使用的土著语言（第12款）；采取措施，保护在境内和境外迁徙的土著语言使用者的语言权利和文化（第13款）；促进和鼓励土著语言人士参与国家政务和学术研究等领域的政策制定（第14款）；在土著自治区域内用西语和当地语言设置各类官方信息和地名的指示（第15款）。

第四章"国家土著语言研究所"（第十四至二十五条）：提出建立国家土著语言研究所，负责管理、指导、协调有关土著语言的研究、保护和发展的各项事务。本章详细说明了关于设立国家土著语言研究所的目的和意义，并且详细规定了研究所的性质、使命、职权、义务、责任、机构设置、运作形式等。规定了研究所作为联邦政府权力下放的机构，可以代表政府在现有法律法规之内拟定法规、缔结条约等。该机构理事会主要成员由联邦政府各个部门和学术研究机构代表组成。

本条下"机构设置"中的"领导及机构"[1]说明了国家土著语言研究所的领导架构。研究所由理事会（Consejo Nacional）领导，成员由13人组成：7名分别来自联邦政府7个公共行政部门的代表[2]、3名来自3所特定高等教育机构的代表[3]，以及3名来自3所特定学术机构和民间组织的杰出贡献者代表[4]（第十六条）。

研究所所长由国家总统根据国家土著语言研究所全国理事会的提名名单任命，任期不超过六年。所长人选优先选择以土著语言为母语者，必须拥有在土著语言研究实际工作经验，并在研究、开发、传播和使用土著语言方面享有公认的专业和学术声誉（第十七条）。

总体看来，《基本法》从根本上确定了国家土著语言研究所在土著语言保护和发展进程中的地位，而国家土著语言研究所也成为未来土著民族语言的保护、保存、促进和发展进程中最重要的引领者。该法案是一部对土著语言领域具有全方位实际指导作用的法案。

---

1　具体机构设置信息请参考：https://www.inali.gob.mx/lista/institucional
2　公共教育部、财政和公信部、社会发展部、交通运输部、文化艺术理事会、土著研究所和外交部。
3　国家人类学与历史学院、国家人类学与历史研究所和索诺拉大学。
4　跨文化大学网络协会、韦拉克鲁斯土著语言学院和玛雅翁协会。

从总体目标到具体细节再到实施办法，《基本法》明确地说明和规定了政府各部门和社会组织在土著语言保存、保护、使用、促进和发展过程中的具体职责和义务，并且将土著民族的传统文化视为语言保护的重要手段和媒介，同时也鼓励土著社区和个人履行自身的责任和义务，积极参与其中，共建多民族、多文化、多语言社会。

《基本法》明确了一系列与土著语言使用者切身利益直接相关的权利，其中最突出的亮点是他们拥有享受母语的语言服务权利，和用母语公开和自由表达不受歧视的权利。为了使这些权利得到充分实现和保障，整个社会必须参与其中，必须一道致力于承认、重视和支持对墨西哥所有土著语言的振兴、加强和发展事业当中。

另外，《基本法》中的一个细节值得注意：墨西哥政府提出，"土著语言是我们自己的母语；西班牙语是我们的共同语言"，这个理念也反映在《基本法》中。而在同时言及土著语言和西班牙语时，土著语言总是位于西班牙语之前。这个细节表明，至少在文件表述层面，墨西哥国内作为母语的所有土著语言地位优先于作为国家通用语的西班牙语。此种表述与我国提出的"推广国家通用语言文字，科学保护各民族语言文字"是相反的，其根本则是完全源自两国历史和现状的巨大差异。

## 6.2　当前墨西哥土著民族语言的保护和发展政策

根据《基本法》所指出的现阶段墨西哥国内土著民族语言保护的各项具体工作，其核心重点仍是土著语言的标准化和规范化。根据墨西哥联邦政府官网的数据，迄今为止墨西哥政府已完成 14 个土著族群的语言规范制定 [1]，这些规范化的语言会被用在民政（出生、死亡、结婚等正式文件）和教育（如教育机构、土著语国歌）等正式场合。另外，从 2010 年纳瓦特尔语版《联邦宪法》出版至今，墨西哥政府已向大众提供 74 种土著语言或语言变体的《联邦宪法》全文或部分重要条款 [2]。

---

1　数据来源：https：//constitucionenlenguas.inali.gob.mx/lenguas-originarias
2　多语言《联邦宪法》可在国家土著语言研究所网站查询：https：//constitucionenlenguas.inali.gob.mx/articulos/001

　　土著语言经过标准化和规范化以后，墨西哥政府还会进一步寻求这些语言的"官方化"（Institucionalización）推进。"官方化"后的土著语言将被用于所有公共性质的事务、程序或服务领域，与西班牙语文本完全并行。继纳瓦特尔语之后，2018年第二大民族语言——玛雅语的"官方化"工作启动；2019年，墨西哥中部地区广泛使用的尼亚纽语（Hñähñu）也开始了"官方化"进程。"官方化"后的土著语言在公共和私人用途上会更加广泛，因此这些语言也会获得更广阔的社会、文化和政治生存空间，普及率会更高，使用者也会更多。土著民族语言的"官方化"是当前墨西哥土著民族语言的保护和发展政策中一项值得注意的举措。

　　除墨西哥联邦政府外，各州立政府也设立了保护当地民族语言的专项法律法规。

　　墨西哥实行与美国相同的联邦制政体，墨西哥各州按照《联邦宪法》相关规定，可以设立自己的立法与行政机关，制定自己的法律法规，在本州管辖区域内行使职权。墨西哥的土著民族遍布全国各州，情况不一，因此每个州议会根据本地区实际情况颁布和实行土著民族语言文化的法律法规，如伊达尔戈、奇瓦瓦、瓦哈卡、韦拉克鲁斯、恰帕斯等州都有明确的专项法律法规，保护当地土著民族文化和语言。

　　以墨西哥土著民族最为集中的恰帕斯州为例，这里居住着来自12个民族的170万土著人口，占全州500万总人口的34%。轰动全球的萨帕塔民族解放运动就是在恰帕斯州的群山之间打响了第一枪。虽然今天恰帕斯地区依然是墨西哥国内民族问题最集中的地区，但是随着土著民族生活条件和社会地位得到显著提高，萨帕塔民族解放军的诉求得到基本认同，该地区的民族矛盾已经得到很大改善。这些成果大部分得益于墨西哥联邦政府和恰帕斯州政府为当地土著民族保护和发展做出的卓有成效的工作。针对该州的民族文化多样性特点，州政府颁布了多份有关土著民族语言保护和发展的法律政策（如《恰帕斯州土著权利与文化法》《恰帕斯州教育法》《恰帕斯州人权法》等）。在这些法律文件中，对土著民族语言文化保护的方方面面都有十分详细的说明和规定。除去普遍适用的共通性内容之外，我们可以看到在新时代背景下墨西哥也着眼于开发以传统文化和多媒体技术为媒介的创新举措。

　　例如，《恰帕斯州土著权利与文化法》第五章"文化教育"指出，积极通过多种多样的"文化表现形式建设"来保护、发展和传播土著社区传统文化和语言，具体内容包括：除手工艺品外，土著社区还有权保存、保护和发展当地其他所有的文化表现形式，包括考古遗迹和圣地、仪式中心和历史古迹，以及区域性传统服饰和音乐表现形式（第三十九条）；州政府与各市政当局应在其职权范围内通过创造发展文化空间和社区博物馆的方式，促进、加强、传播和研究土著民族文化，支持土著手工艺品（以及相关衍生艺术和创意产品）的商业化（第四十条）；为了实现以上目的，政府将通过各种媒体促进土著文化和信息的传播（第四十一、四十二条）；并将围绕"促进当地文体娱乐活动"的原则，设计各土著社区构建计划（第四十三条）。

从上述例子可以看出，从联邦政府到以恰帕斯州为代表的各州政府，墨西哥各级政府制定了土著民族语言保护和发展的法律政策。这些法律政策有三个值得注意的共同点：第一，对于民族语言的地位和法律适用范围有明确规定；第二，在国家与社会各界（包括土著社区、家庭和个人）的具体责任和促进与发展民族语言文化的具体措施两方面都有明确界定；第三，特别鼓励土著民族组织和个人结合当地实际情况，将土著文化、语言的保护同当地社区的实际生活方式相结合，充分调动土著民族成员的积极性，主动参与当地语言文化的保护和传播。这些内容不乏许多颇具创造性、创新性的实践和思路，是我国在新时代制定少数民族政策时值得学习的。

## 6.3　墨西哥土著民族的民族语言和双语教育政策

独立战争时期，墨西哥政府即已充分认识到国族认同在胜利道路上所起到的巨大作用，因此独立后通过国民教育灌输统一的墨西哥国族观念成为各政党一致遵循的共同方针，并且将这个新国家境内的各个土著民族视为国族身份形成的障碍。他们通过推行以西班牙语为"国家语言"的教育体系，强行向国民灌输墨西哥国族身份，企图达成"去土著化"（deindianizar）的目的。此种对文化多样性的粗暴否定导致土著民族的持续抵制，甚至起义暴动。20世纪 90 年代以后，执政党逐步调整了土著民族政策，以同步发展国族教育和族裔教育为方针，为土著民族拓宽了族裔教育的空间。

今天，墨西哥政府考虑到国内的多民族、多文化、多语言国情，实际上已经取消了"一体化通用型"的教育模式改革。现任总统安德烈斯·曼努埃尔·洛佩斯·奥夫拉多尔（Andrés Manuel López Obrador）提出，第四次教育转型应体现在新的教育模式中，新一代墨西哥人应该"学习我们自己的土著语言；学习西班牙语作为我们的共同语言；学习外语（目前为英语）作为联系世界的语言"。请注意，奥夫拉多尔总统在提到三种语言时所使用的顺序和它们的地位。他首先说到的是作为母语的土著语言，即"自己的语言"；然后是西班牙语，作为整个国家的共同语言；最后是外语，用来联系整个世界的语言。奥夫拉多尔总统提出的构想集中反映了墨西哥政府对国内语言教育的总体方针，而这样的构想和方针在《基本法》里得到了详细的阐述：

> 联邦政府和公立教育机构必须保证土著居民获得义务的双语和跨文化教育（educación obligatoria，bilingüe e intercultural）的权利，并且进一步促进语言和文化的多样性。确保土著社区的教师能说能写当地语言，了解当地居民的文化；建立双语教师、技术人员等的专业培训、认证的规范和系统。

奥夫拉多尔总统的构想和《基本法》的方针不仅与联合国《土著人民权利宣言》同向同行[1]，而且也高度契合墨西哥传统文化的历史和现状，自然受到了绝大多数土著民族群体的欢迎。我们以瓦哈卡州涉及双语教育的法律法规为例，看看墨西哥各地区如何具体实施土著民族的民族语言和双语教育。

瓦哈卡州是全墨西哥使用土著民族语言人口比例最高的地区，约120万瓦哈卡人使用当地民族语言，占全州400万人口的32%。该州议会同样颁布了多部与土著民族语言保护相关的法律（如《瓦哈卡州土著人口和社区权利法》《瓦哈卡州教育法》等）。

在关于语言地位和双语教育的目的方面，《瓦哈卡州教育法》反复强调，针对土著社区人民的教育不仅必须（deberá）是以母语和作为第二语言的西班牙语为前提的双语教育，而且还包含跨文化教育的教学内容：

> 国家有义务向所有土著人民提供双语和跨文化教育（la educación bilingüe e intercultural），其学习计划和方案应融入与当地文化相切合的

---

[1] 第十四条：土著人民有权建立和掌管他们的教育制度和机构，以自己的语言和适合其文化教学方法的方式提供教育；土著人，特别是土著儿童，有权不受歧视地获得国家提供的所有程度和形式的教育；各国应与土著人民共同采取有效措施，让土著人，特别是土著儿童，包括生活在土著社区外的土著人，在可能的情况下，有机会获得以自己的语言提供的有关自身文化的教育。

知识、技术和价值体系；针对土著人民的教学活动必须以母语和作为第二语言的西班牙语进行；针对本地区非原住民人口的教育，也必须将本地区的民族文化内容纳入学习计划和课程之中。（第七条）

　　双语和跨文化教育的目的是使得土著人民可以同本国内和本州内其他群体一样，可以根据自己的语言、文化渊源以及其社会经济和政治特征，发展其潜力。（第二十九条）

《瓦哈卡州教育法》将当地土著民族语言置于实际通用语西班牙语之前，并且将西班牙语定性为"第二语言"（segunda lengua）。这与奥夫拉多尔总统提出的新教育模式构想，即"学习我们自己的土著语言，学习西班牙语作为我们的共同语言"完全一致。说明以瓦哈卡州为代表的墨西哥各州政府认可并接受联邦政府对未来土著民族语言教育的总体方针。

那么，各州又是如何具体实施这样的"双语和跨文化"教育方针呢？我们仍以瓦哈卡州与恰帕斯州为例。《瓦哈卡州教育法》全面而清楚地说明了此方针的具体方案，并划定责任范围和责任单位。总结起来可以概括为一句话，即"民族语言使用者可以获得与西班牙语使用者平等的受教育机会"：

　　州行政长官与州公共教育部依法负有联合义务，为土著人民提供幼儿、学前、小学、中学和高等教育、特殊教育、工作培训、成人扫盲、体育和艺术创作等不同阶段和类别的双语和跨文化教育服务；与土著人民一道完成双语和跨文化教育各项计划和方案的制定和批准，以及双语和跨文化教师的培养工作；双语和跨文化教师必须使用当地社区语言，并且了解当地民族文化；为了达到教育的效率和质量，双语和跨文化教师培训计划将长期实施；建立相应机构，促进土著语言教育、双语教育和跨文化教育的研究和发展。（第十四、二十二、三十七、四十六条）

在恰帕斯州的相关法律法规里也可以找到高度相似的内容：

　　为土著社区提供的学前、小学、中学和高中教育必须以双语和跨文化的方式进行；双语和跨文化教育计划必须同步发展本地土著语言和西班牙语教学，使学生在初级至高中教育阶段结束时能够流利地使用两种语言；向土著社区成员提供的教育还应包含土著民族（los pueblos indigenas）历史和传统的教学内容；州政府将与大学、技术学院，以及国家或州级的其他教育机构合作，依据不同土著社区的特性与要求为其提供相应的社会服务。（《恰帕斯州土著权利与文化法》第四十四至四十七条）

总体而言，墨西哥针对土著民族的民族语言和双语教育政策呈现出以下几个特点：

（1）在语言地位的表述上，土著民族语言为母语，西班牙语为第二语言；在实际教学活动中，土著民族语言如果不是优先于西班牙语，至少是与西班牙语享有平等地位。

（2）针对土著社区人民的双语教育，不仅必须以作为母语的土著民族语言和作为第二语言的西班牙语为前提，而且也必须包含跨文化教育内容。

（3）土著民族的历史和传统文化是土著民族语言教育的重要组成部分。

（4）上述双语和跨文化教育模式贯穿整个学前到高中阶段；在其他教育阶段，各级政府亦负有提供教育支持的责任。

（5）双语和跨文化教师必须获得相应双语能力和土著文化学习证明才有上岗资格。

另外，在民族语言和双语教学的其他层面，墨西哥的一些具体做法也值得注意。

在双语教学资源的开发方面，墨西哥有多达 300 种以上的土著语言，如果一切组织土著双语教学资源编写和出版的工作都在联邦政府的责任之下，则很难保证教学资源的质量、数量及编写效率。因此，墨西哥政府和各州立政府长期鼓励社会各界团体和人士参与土著语言和双语资源的开发和出版工作。非政府组织，特别是来自各个土著社区的编写单位和个人，他们的参与可以有效分担政府资金负担、语言研究和教学资源开发的任务。

在双语教师的师资培养和储备方面，墨西哥联邦政府及各级州、市级政府公共教育部大力发展双语教师的专项培养计划。双语教师按规定除了学习必修科目外，还必须在指定培训机构完成为期一年的土著语言和文化教育课程。除培养双语教师外，还设立了文化促进教师。文化促进教师的要求更高，除须完成一年双语教师课程以外，还必须到土著社区开展三年教学实习才可获得正式上岗资格，而联邦政府则将继续为他们提供进一步学习、深造和晋升的机会。

在教学平台方面，政府考虑到土著社区特殊的地理、经济和文化环境，除传统意义上的正规学校以外，还采用不同类型的教学组织形式：在土著居民比较集中的地区开设师资和设施齐备的普通学校，分散居住的地区则因地制宜建立"单班小学"；在中等教育阶段，如果土著社区因为人口稀少或过于偏远无法满足集中办学的条件时，联邦和当地政府借助任何可用的传统教学媒介（教材、电脑、电视，甚至广播、磁带、光碟等），为偏远地区的土著学生实施"远程中学"（Telesecundaria）教育。

# 第 7 章
## 墨西哥近年来在土著民族语言
## 保护过程中值得借鉴的措施

正如墨西哥文化部部长亚历杭德拉·弗劳斯托·格雷罗女士在"2021 土著语言博览会"开幕时所表达的那样，我们努力工作的目的是不遗漏任何一种语言，也不落下任何一种语言："从来没有一届政府（像我们一样）热切地将土著社区及其语言置于聚光灯下。（Nunca antes un gobierno había tenido tanto interés de poner en el centro de atención a las comunidades indígenas y sus lenguas.）像（土著语言博览会）这样的创新行动有助于我们认识和了解这些语言，看到它们保持活力。正因有这样的文化丰富性和多样性，才使墨西哥成为一股强大的力量。"[1]

尽管总体而言，墨西哥土著民族语言的状况并不如想象中乐观，尚有许多不足之处，但墨西哥政府、文化保护机构和民间团体对土著民族语言的保护进行了许多创新且卓有成效的尝试，值得我们思考、学习与借鉴。

首先，从 20 世纪末到 21 世纪初，墨西哥政府对土著民族的政策已经有了巨大改变。曾经以同化为目的的、"统一的民族、统一的语言"的教育观念，一味否定和同化墨西哥国内多民族文化多样性和差异性的那些举措，因为受到土著民族的强烈反对而遭到摒弃。事实上，从墨西哥现当代土著民族数次提出"独立"诉求和发动暴力反抗的具体情形来看，几乎没有真正意义上的"民族独立"作为主导因素，只是借"民族独立"之名抗议政府对土著民族群体的漠视与不公。

其次，在墨西哥国家观念形成的过程中，特别是从墨西哥革命（1920 年）持续至今的国民教育，已经在土著民族群体和成员中形成了对"墨西哥民族"的认同。而当今的全球化、国际化大潮，更是强化了新一代土著青年人作为墨西哥国民（nationality）的身份认同。

今天的墨西哥土著民族其实没有理由拒绝以西班牙语为主的国民教育。因此，当墨西哥政府捋清了这一现实之后，便开始给权力松绑，让土著民族群体和社区拥有更多、更大的自主权。在新的民族政策之下，土著民族享有了更多的自主权和自治空间，各土著群体的民族语言也得到了国家层面的保护和推广，体现了墨西哥各级政府对土著民族人权的重视和尊重。这种改变反映到教育制度领域，使得土著民族所在区域的当地政府、教育决策者、土著学校和学习者可以一起制定相应的教育方针政策，以适应本地实际情况和

---

1　信息来源：https://www.inali.gob.mx/es/comunicados/895-2021-08-06-23-19-17.html

学生需求。这些政策和相应举措成效显著，对土著民族语言形成了有效的保护，土著居民的族群认同和自信也随着本民族语言的振兴和发展而大大提高。民族语言的保护政策很大程度上缓和了原本紧张的中央政府和土著族群、占主体的梅斯蒂索人和土著居民的关系，反过来催化了更广泛的土著族群，特别是这些族群中的年青一代对墨西哥民族概念的接受和认同。

　　因此，从墨西哥最近的经验来看，对土著民族的民族教育与对族群认同的维系和加强，本质上与国民教育并不相悖。在"多民族、多文化、多语言"教育政策的指导下，土著社区成员积极参与制定和实施教育政策，将国民教育与民族教育有机融合，土著社区和成员的尊严和发展得到了强有力的保障。与此同时，新的"多民族、多文化、多语言"政策强化了土著居民对墨西哥国家、国族和国民身份的认同。在多元文化背景下的国民教育和民族教育加强了土著居民对国民身份和族群身份的统一认识和纽带作用。墨西哥积极的民族政策改革成为值得全世界——特别是与墨西哥国情相仿的国家——广泛借鉴和学习的典范。

　　2020 年在墨西哥签署的联合国《洛斯皮诺斯宣言》强调，保障土著人民言论自由、以母语为媒介接受教育和使用母语参与公共生活的权利，是土著语言得以存续的先决条件，呼吁切实保障土著人权利，着重突出了在司法系统、媒体以及劳动和卫生等公共事务中使用土著语言的重要性，还指出了数字技术在促进土著语言使用和保存方面的潜力。

　　下面我们将看到，墨西哥是如何以实际行动，具体实践《洛斯皮诺斯宣言》在当前土著民族语言保护中的要点及其所取得的巨大成就。

# 7.1　土著高等教育的发展

## 7.1.1　为各地土著学生定制的连锁式大学：跨文化大学和贝尼托·华雷斯·加西亚福利大学

　　在墨西哥的土著地区或土著人士较为聚集的地区，由大学、教育机构甚至个人开设的土著语言课程颇为常见，在这些地区以外的公立大学中开设的土著语言课程也并不少见。

除此之外，墨西哥政府还专为不同地区的土著学生开设了两所连锁式大学。在这里土著学生可以获得传统西化大学的替代方案，更加着眼于传统知识和智慧。

跨文化大学

跨文化大学[1]（Universidades Interculturales）是一系列同名的、面向土著学生的高等教育机构的统称，目的是为各地土著青年提供免费接受高等教育的机会。跨文化大学系统大致形成于 21 世纪初，最初由政府收编的一些土著社区自办学校组成，后逐渐形成系统。目前该系统由跨文化双语教育协调总局（la Coordinación General de Educación Intercultural Bilingüe）负责管辖，该协调总局隶属于公共教育部。

截至 2020 年，跨文化大学的普惠网络已遍及 11 个州：墨西哥州、恰帕斯州、普埃布拉州、金塔纳罗奥州、伊达尔戈州、圣路易斯波托西州、塔巴斯科州、米却肯州、格雷罗州、锡那罗亚州和韦拉克鲁斯州。跨文化大学现总计可授予 32 个学士学位、6 个硕士学位和 4 个博士学位。这些大学从州政府获得 50% 的资金，其余从联邦政府获得。

墨西哥跨文化大学地图

各地的跨文化大学为学生提供当地土著语言的教学课程，此外，跨文化大学的另一类重要课程是帮助学生未来从事跨土著文化的职业教育，即专门设计用于促进土著语言和文化发展的职业，例如：可持续发展、跨文化保健、

---

1 跨文化大学简要介绍可参考：Castillo N.Educación para todos.Universidades interculturales para la población indígena. https://ciencia.unam.mx/leer/1228/educacion-para-todos-universidades-interculturales-para-la-poblacion-indigena.2022.

可替代性旅游[1]（Alternative Tourism）、社区森林工程或民族心理学等。这些跨文化职业能满足许多土著社区的需求，毕业生回到社区后可以很快融入当地工作或启动自己的项目。

同时，跨文化大学另一个不容忽视的贡献是为土著学生营造了身份友好的校园氛围。当他们在同一群体身份的环境里，不会因为自己的语言习惯或传统服装而受到嘲笑或种族主义侵扰。这样的校园环境有助于构建和提升学生的自尊和土著身份认同。

跨文化大学还是土著女性非常重要的就学选择。土著社区的家庭通常不接受家中女孩离家求学的观念。但当土著大学就在身边时，土著女孩的就学率就大大增加。在许多跨文化大学中，女性入学率达到或超过 60%。

### 贝尼托·华雷斯·加西亚福利大学

贝尼托·华雷斯·加西亚福利大学（Universidades del Bienestar Benito Juárez，UBBJ）是现任总统奥夫拉多尔提出的又一项倡议，旨在为该国最贫困地区停学或失学的学生以及高中毕业生提供免费和优质的高等教育。政府计划在除南下加利福尼亚州之外的 31 个行政区划开设 100 所贝尼托·华雷斯·加西亚福利大学，这些大学的学生将获得每月 2 400 比索的"书写未来的青年"（la beca de Jóvenes Escribiendo el Futuro）奖学金。学生入学无须经过考试，只会进行土著身份确认及诊断评估。课程采用传统的四年制教学。

在理想情况下，跨文化大学和贝尼托·华雷斯·加西亚福利大学将成为土著学生及其社区获取知识信息营养的沃土。同时，连锁式大学网络能够同时串联各个网点的优势，相互支持。

不过，其缺点也同时应被留意：

第一，没有连贯的、保质的大学前教育，土著大学的学生终究无法兼顾数量和质量。因为如果土著大学与非土著大学保持相近的入学要求，那么土著学生普遍存在的大学前教育的严重断层将令很大一部分学生无法迈入大学的门槛；而如果为迁就土著学生的现实状况而拉低入学要求，那么土著大学毕业生的质量和竞争力则可想而知。

---

1　可替代性旅游也称选择性旅游、非大众旅游，这是相对于传统的大众旅游而提出的概念。这种旅游模式可以保证对旅游目的地的文化、社会和自然环境不造成破坏性的影响，能够促进旅游者和目的地居民之间的平等互惠关系，维护当地居民的利益和促进当地经济社会的良性发展。

第二，因为此类土著大学多数实际上属于"自下而上"的半官方机构，采取的是"当地自建＋官方支持"模式，而此模式依然存在明显的问题，即关于何种主体可以决定或获得创建跨文化大学资格，以及这些主体应该具备哪些资格条件。通常这些自下而上的教育项目可能被视为对政治权力的威胁或存在于传统教学体系之外的机构，因此得到的财政支持不仅有限，而且时断时续。

第三，或许也是最易陷入悖论陷阱的问题。政府在设立土著大学时，其所教授科目很大程度上仍与当地区域文化密不可分，其宗旨亦仍为希望学生回归当地，建设社区。那么势必又会面临两个困扰：（1）所学科目的向外适用性和兼容性不够；（2）研究发现，选择法律、会计或计算机系统等传统职业的学生毕业时比选择跨土著文化方向职业的学生有更好的机会。那么，土著大学的教学内容有反而成为土著学生枷锁，将其束缚于当地社区之虞。

第四，如此大规模的学校建设，也会引来教育质量、师生来源、设施供给等一系列问题。

对此，墨西哥专家认为，促进教育公平的另一种方式是传统大学应采取一些行动，例如为土著学生规定保留配额。重要的是确保土著学生有机会接受教育的选择，而不仅仅是只有土著大学。更激烈的评论则认为，当前应当思考如何增加现有公立大学的土著学生人数，并为土著学生提供奖学金，而不是"从零开始创建大学"。

### 7.1.2　全球第一所研究土著语言的高等学府：墨西哥土著语言大学

我们已经看到，墨西哥政府"自上而下"建立的传统大学里的土著语言课程，也看到各地"自下而上"创办的跨文化大学。今天墨西哥决定在土著语言保护和发展领域展示更坚决的雄心，他们即将迎来全球第一所专门教授和研究土著语言的高等学府——墨西哥土著语言大学（Universidad de las Lenguas Indígenas de México，ULIM）。

2020 年 2 月 9 日，墨西哥总统奥夫拉多尔在墨西哥城东南郊的米尔帕阿尔塔[1]（Milpa Alta）与当地土著人民会见时向他们承诺，将在此创建墨西哥土

---

1　米尔帕阿尔塔距墨西哥城中心约 25 公里，占地面积约 28 000 公顷。米尔帕阿尔塔气候温和，风景宜人，为墨西哥重要的农业区和生态保护区。当地人口多为纳瓦族人，仍保持着传统农业和生活方式，且当地政府和人民坚持抵制土地用途的改变，反对大规模商业化、城市化和旅游业。因此，该地区仍保持着缓慢惬意的生活节奏，全然不同于墨西哥城其他地区。

著语言大学。该大学在承认和尊重墨西哥多民族、多文化、多语言的基础上，提供与墨西哥土著语言的课程教学和科学研究相关的高等教育，以保护、发展和利用墨西哥丰富的民族语言和文化多样性遗产。墨西哥土著语言大学的构想得到了联合国"国际土著语言十年（2022—2032）"计划的支持和赞同。9 月，奥夫拉多尔总统正式授意建设墨西哥土著语言大学。大学建设的主要负责机构国家土著人民研究所表示："墨西哥土著语言大学的任务是恢复、振兴、促进和鼓励土著民族语言，我们期望大学的学术活动和成果能够使得更多人使用土著语言，这样我们将不会再失去更多的语言。"

在 2023 年 2 月 21 日"国际母语日"[1]（International Mother Language Day）庆祝仪式上，国家土著人民研究所所长阿德尔福·雷西诺·蒙特斯[2]（Adelfo Regino Montes）签署了墨西哥土著语言大学运行计划的基础文件。3 月，筹备两年多的墨西哥土著语言大学正式开始中心区[3]的部分运行，9 月将迎来首批学子[4]。

墨西哥土著语言大学最初设立了四个学士学位课程：

● 土著语言教学（Enseñanza de Lenguas Indígenas）；

● 土著语言的口译和笔译（Interpretación y Traducción de las Lenguas Indígenas）；

● 土著语言文学（Literatura en Lenguas Indígenas）；

● 跨土著文化交际（Comunicación Indígena Intercultural）。

除上述四个学士学位教育课程外，未来学校还计划提供从本科、专业科、硕士和博士各阶段的更多课程和非学位语言培训课程等。大学计划教授的语言覆盖 68 个土著族群中的 55 个。墨西哥土著语言大学项目的总协调员、双语诗人和散文家纳塔利奥·埃尔南德斯说："我们目前还没有一所培训土著教师的大学。传统大学最多只为土著语言教师提供培训证书。现在我们需要

---

1　1999 年 11 月，联合国教科文组织宣布：从 2000 年起，每年的 2 月 21 日为国际母语日，旨在促进全球语言和文化的多样性和多语种化。近年来，墨西哥一直对国际母语日十分重视，不仅积极响应和参与国际母语日活动，而且会单独组织国内的母语日庆典和相关活动，许多重要的土著语言项目亦多在国际母语日这天发布或启动。

2　阿德尔福·雷西诺·蒙特斯（1964—　），墨西哥土著事务专家、政府官员。墨西哥国家土著人民研究所（INPI）所长。他在加强土著社区的政治代表性和保护其权益方面发挥了重要作用。

3　据悉，中心区是修建在一位名叫苏珊娜·弗洛雷斯·阿尔瓦拉多的当地公民所捐赠的 2 公顷土地上。

4　大学原定于 2021 年 8 月 13 日落成，作为纪念西班牙人征服墨西哥 500 周年（1521 年）和墨西哥独立 200 周年（1821 年）的献礼项目，然而因为新冠疫情原因该项目一直受到拖延至 2023 年。

一所可以提供土著教师高等教育学位的大学。"

作为创建该大学的先期准备，自 2019 年起墨西哥政府将 60 多名土著语言使用者培训成为第一代墨西哥土著语言大学的教师。这些土著语言使用者有的只受过小学教育，也有的是接受了本科或以上学位的毕业生。促使他们成为第一代墨西哥土著语言大学教师的内在动力，与其说是出于自身专业的学术训练和志向，不如说是作为土著语言使用者的他们对其母语的掌握和对传播母语事业的热忱。

作为全球第一所专门教授和研究土著语言的高等学府，墨西哥土著语言大学在以下方面有着前所未有的理念革新：

（1）与当地土著人民平等对话和协商的结果。从构想到建设到建立，在整个进程中当地米尔帕阿尔塔人民不仅全程参与其中，而且他们的声音被高度重视。2021 年，大学建设团队在该地就大学项目首先咨询了米尔帕阿尔塔所属的 12 个城镇，待大学建设的用地、资金、未来计划等各项事宜均获得批准之后大学建设方才上马。同时，联邦和各州政府、相关教育机构、国际组织共计 14 个成员成立了一个多机构联合委员会，定期举行会议，监督其建设和运行情况。正如总统所言："与过去不同，这所大学不是自上而下的单方面创造。在这里，我们听取了米尔帕阿尔塔人民的声音并征求了他们的意见，我们开展了广泛的对话和协商进程。因此，在他们的领导、陪伴和监督下，我们将确保这所大学得到我们土著人民的参与和滋养，并确保其建立在我们土著人民的社区原则、价值观和世界观的基础之上。"

（2）现代技术支持下的土著语言工作生态。在当前全球化的现实状态和未来趋势之下，再加上新冠疫情对包括教育方式在内的全球生活方式的巨大影响下，新的信息和通信技术（ICT）通过社交网络和数字平台创造了一个更加扁平、边界更加模糊的地球村，因此现代科技将被全方位地应用在墨西哥土著语言大学的工作生态中。例如，常规授课形式可同时兼顾实体和在线课堂教学方式[1]，以便满足墨西哥全国甚至全球其他国家和地区学生的学习需求。

（3）以往墨西哥的土著语言教师多以"定向招募，定向培训"方式，从土著语言使用者中招募培训生进行教学培训，然后输送至所需端口。这样的方式存在两大主要问题：一是教学上很难保证土著语言教师的教学质量，二

---

[1] 此建议由联合国教科文组织提出。

是科研上没有土著语言领域的研究专业和方向，也就更谈不上评价体系。从墨西哥土著语言大学首先设立的四个学士专业来看，应是借鉴了外语教学研究的学科划分，如此既可以借鉴外语专业学科的成熟基础作为起点，在土著语言教学研究方面建立具体方向，同时教学质量通过系统、专业的教学过程和明确、具体的评价机制得到保障。

（4）学生将通过土著语言沉浸式模式进行学习，并且促进所选语言的社区发展项目将成为评估的重要组成部分。大学办学的目的除了通过学术性方式保护和发展土著语言之外，同时强调将教学研究成果应用到语言社区的实际发展项目当中。不仅让语言回归社区，更期待让社区通过其语言的传播和学习者的服务得到发展。

（5）大学将为土著语言文化的保护和发展积极创建与外部世界之间长远有效的链接，例如在土著人民研究所等相关机构中创建大学的小型"内嵌式"单位；制定大学之间的合作协议，以便如贝尼托·华雷斯·加西亚福利大学等教育机构与墨西哥土著语言大学可以频繁和深入地进行各类交流合作。

墨西哥土著语言大学可以称得上是近年来墨西哥在土著民族语言保护和发展领域中最雄心勃勃的计划。这所大学由奥夫拉多尔总统授意，土著知识分子和土著社区大力与政府相关机构积极配合，相互支持，从而革命性地摒弃了"自上而下"和"自下而上"的单向推进方式，真正实现了"双向同行＋双向奔赴"的发展新道路。它的建立不仅仅是为土著语言的教学和研究，对土著人民语言和文化遗产的保护，其更深刻的目的是促进整个国家社会同土著人民关系的真正结构变化，并恢复土著人民的历史遗产，加强和巩固本国的民族语言文化多样性，最终有助于打造一个融合传统与现代的包容性国家。

不过仍需注意的是，墨西哥土著语言大学的构想和理念虽然充满革命性和创造性，但在一定程度上仍能找到一些先例的影子，例如我们可以看到100年前的"土著学生之家"项目有着与其相似的构想，然而一切顺利的过程最终迎来的却是失败的结果：绝大多数原本应当推动变革的土著学生却不愿回归和服务所在社区。今天，当我们将这些构想和理念付诸实际工作时，应当同时保持创造力和审慎态度，回望历史，汲取经验，才能更好地展望和创造未来。

## 7.2 土著民族自身造血功能的培育

早在 2018 年，前总统培尼亚·涅托就签署通过了《基本法》的最近一次修正案。此次修正案对第三章第十三条第 7 款（la fracción Ⅶ del artículo 13 del Capítulo Ⅲ）进行了修订。在 2003 年版本里，该条款的内容为 "（国家及各级政府应积极组织机构并采取行动）促进土著语言及其文学形式的发掘、传播、研究、学习和入档"。在 2018 年的修订版中，原内容之后加上了 "以及促进（这些语言及其文学形式）的相关教学"[1]。

应该说，此次修订是墨西哥政府针对当前土著语言保护的新措施释放出的一个重要的信号，未来促进土著语言和土著文学教育的促进方式不再拘泥于以往的那种学校的、专门的或正式的 "关门教育"，而是将土著民族语言文字教育体系纳入一个更广大、更完整的空间之中，利用 "发掘、传播、研究、学习和入档" 等更为多样的手段齐头并进，促进土著语言和文学的保护。

### 7.2.1 土著民族语言学校的广泛设立

保存一种民族语言，最直接最有效的方式莫过于促使更多的人学习和使用它，而最直接最有效的语言学习方式又莫过于学校教育。在墨西哥国内，土著民族语言学校和中心不仅开设于土著民族聚集区或专门的民族学校，而且相应的语言学习机构遍及全国各地；学习者亦不局限于土著民族学生或相关专业人士，一般普通民众也可以通过这些语言学校和中心，接触和学习土著语言。

在一份墨西哥国内土著民族语言学校和中心的不完全目录[2]中，列举了多达 58 所学习机构的详细信息，包括这些机构的名称、地址、所教授的土著民族语言、联系人和联系方式、教学形式等信息。这份目录里的学校和中心，分布于墨西哥国内包括 32 个行政区域中的 16 个。这 58 所学习机构涵盖了墨

---

1　2018 版《基本法》的第十三条第 7 款全文为：Impulsar políticas de investigación, difusión, estudios y documentación sobre las lenguas indígenas nacionales y sus expresiones literarias，así como，promover su enseñanza.

2　名录的详细信息请参考：Escuelas para aprender lenguas indígenas en México（Directorio）. https：// masdemx.com/2017/05/diccionario-palabras-mexicanas-espanol-mexicano-significado/，2016.

西哥国内几乎所有的土著民族语言，并且超过一半的学习机构是面向普通民众的，其中一些甚至由私人开设。有的教学中心更是可以根据学习者的需求，灵活安排时间、地点和教学方式。

### 7.2.2　土著语言教学和当地文化之间桥梁的构建：一所纳瓦特尔语学校的尝试

语言无法脱离实际语境而独立生存，任何民族的语言都是使用者在实际使用语境中所有参与因素相互建构形成的，同时语言使用者能够通过自己的民族语言清楚地表明民族身份。但今天"工业化""同质化"的教育模式却将民族语言从使用者和使用语境中相互剥离，给民族语言带来了前所未有的挑战。

当我们在谈论教育时，大多数人都认为教育的目的和本质是为社会进步和发展服务的最重要工具。但是，教育除了满足社会的实用性和工具性的同时，教育的目的和本质以及教育模式最重要的影响之一，就是它给我们预设和灌输了一种理想的"社会范式"。例如今天全世界的理想教育范式就是西方视角下的那种以科学技术为主要标准的"进步范式"。在此影响下，"社会的进步"的标准转向了科学技术的突飞猛进、大众消费品的制造、城市化的大步迈进。在这种高度工业化的、所谓的"进步范式"趋势下，我们的教育也无可避免地出现"工业化""同质化"倾向。陷入现代化的"进步"逻辑，使得我们用现代西方的政治经济框架作为唯一标准睥睨着原住民的言行，将他们视作欠发达、落后、迷信、没文化的代名词。

因此，当我们的教育向所有孩子们灌输这种"进步"的理念时，独特的民族文化和习俗便渐渐被忽视，民族语言因为失去根基反而成为这种教育理念的累赘。如果一切都以牺牲文化遗产和自然资源为代价，那么这种"进步"的代价就过于高昂。

既然面对的是不可逆转的"工业化""同质化"教育模式，今天的墨西哥人开始思考"双语教育"新的内涵。除了上述的广泛设立土著民族语言学校之外，墨西哥人也在积极尝试以土著语言教育为基础，将当地居民的社区身份、传统文化、生活方式三者紧密联系的同时，为他们搭建起沟通当地社区与更广阔世界的桥梁。一方面，土著民族青年在当地社区的语言环境下学习和运用本民族语言，找到自我身份、价值和信心；在此基础上，他们再开始接受以西班牙语为主的通识教育。

其中最值得我们关注的是圣米格尔·特齐纳卡潘学院[1]（San Miguel Tzinacapan Institute）。在这里，以土著语言为基础的教育策略不仅成为保存当地文化最重要的工具，更重要的是重塑了当地居民对自身文化价值的认识。

学院坐落在墨西哥普埃布拉州的普埃布拉山（Sierra de Puebla）中，如今这所学校吸引了来自全球民族教育领域的目光：学院所有核心课程不仅全部以当地的纳瓦特尔语教授，而且授课的内容植根于该地区的传统文化，从而使学院自身的文化价值得到提升；与此同时，学院的教育夯实了该地区的文化根基和社区纽带。即是说，教育的内容与受教育者的身份密切相连。

学院意识到，许多土著社区成员因为和外界的"格格不入"而产生了对自身价值的忽视、怀疑和遗忘。而前文中的"同质化"教育模式以及其鼓吹的所谓"进步观"，正是导致了这一种原则性问题的根源。因此，特齐纳卡潘学院没有一味强调同质化的教育模式和内容，但亦不是盲目的自我隔离。学院以当地社区的生活、文化和传统为教学核心，以本地社区的实际生活和使用为着眼点，对当地传统生存环境重新进行可持续性评估。之后，从学校和学生自身进步和发展的基础出发，建立学院独特的教育策略和教育模式，设立了用纳瓦特尔语教授的核心课程。社区也对学校做出承诺，由社区成员作为这些课程的教学实际主导人，积极参与学校的核心课程教学工作。通过学校与当地社区的积极联动，社区的年青一代能够从学院的学习中找到作为社区成员的自尊和自信，重视所在社区生活方式和文化传统的独特价值，而不是盲目地追求同质化的教育目的。这样的价值取向显然受到了 20 世纪 90年代墨西哥土著民族运动思潮的影响，批判了用欧洲中心主义的"普世价值"作为理解社会现实的唯一标准，抨击了以经济理性为社会评价的理论，主张重建以个人所生活的社区为基石的多样文化。

特齐纳卡潘学院认识到青少年阶段是形成语言习惯和认识语言重要性方

---

1　圣米格尔·特齐纳卡潘学院的详细介绍请见：¿Por Qué Esta Escuela Indígena De México Ha Llamado La Atención Del Mundo？. https：//masdemx.com/2017/04/mejores-escuelas-indigenas-mexico-san-miguel-tzinacapan/，2017.

面的关键时期，但在墨西哥现有的公共教育政策条件下，纳瓦特尔语基本只能覆盖小学阶段教育，而在中学和大学阶段中，专门的纳瓦特尔语教育无法得到基本的保证。因此，在学校教育之外，建立和培养当地青少年的家庭和社区语言环境也是保护民族语言的关键着力点。经过不断地积累教学经验与教学反思，学校深刻认识到孩子们在保持社区知识方面发挥积极作用的重要性。在当地其他学校的支持下，老师们组织和开设纳瓦特尔语讲习班，通过歌曲、诗歌、游戏、谜语等娱乐活动的方式，将传统文化生活融入学校教育中，形成富有动态的语言学习体系。在进一步学习和了解祖先的语言及其背后所反映的世界观之后，当地青少年学习者更加乐于学习、使用和分享他们本民族的语言。

此外，特齐纳卡潘学院不仅在校园中开设语言文化学习课程，更是把课堂学习与当地社区生活有机融合，使学生的生活与学习紧密结合、牢不可分。学校积极发动当地社区居民也参与其中；而当地居民为响应和配合学校组织的语言讲习班，也自发组成各式各样的学习班或者兴趣小组，将纳瓦特尔语的学习者聚集在一起，讲授当地文化历史和传统工艺，与孩子们一起分享社区的多样性文化。该社区本身所拥有的悠久传统，包括节日、纺织品和美食，都成为学生学习当地土著语言的课程/项目载体。不仅如此，学校鼓励孩子们积极参与这些活动的策划、组织和实施，使他们感到"成为土著社区的一部分是'非常特别的体验'"。

凭借其教学工作的杰出成果，特齐纳卡潘学院院长玛丽亚·德尔·克拉尔·莫拉莱斯（María del Coral Morales）获得 1999 年墨西哥国民教育研究奖；2005 年"优质教育策略竞赛"第一名；2012 年，她的博士论文获得"年度最佳教育奖"。

特齐纳卡潘学院的教学方针不是简单地将土著语言和西班牙语课程作为独立的语言课程进行讲授，而是用不同的语言搭建通往不同课程内容的桥梁。如此，语言课程和其他普通课程教学与社区生活实践被整合一体地放在教学活动中心，既不是简单固执地坚持自己的民族独特性，也不是盲目追从所谓的"主流教育"。学院期望学生们在未来的生涯规划中既能保持自身文化身份，又能开辟更广阔的人生天地。

### 7.2.3 作为主人翁的土著民族社区对保存本民族语言所作出的积极贡献

特齐纳卡潘学院在保存当地民族语言纳瓦特尔语领域所取得的卓有成效的工作，为该校甚至墨西哥的民族语言教育赢得了世界赞誉。缘何这样的硕果竟出自普埃布拉山这片鲜为人知的土地上？其实这一切并非偶然，学院取得这些举世瞩目的成绩，也离不开特齐纳卡潘当地居民对传统文化的重视和土著社区浓厚的母语环境。

保护和推广土著语言也需要土著家庭的参与，特齐纳卡潘当地居民本身十分重视保持该地区传统文化与语言的生命力，他们十分了解青少年在保持社区知识方面发挥积极作用的重要性，因此当地社区在"学校—社区—家庭"三方联动机制中发挥了极其重要的作用，有利于青少年在家庭环境中学习和使用纳瓦特尔语。通过学习和使用当地土著语言纳瓦特尔语，青少年得以从很小的年纪就开始对当地社区产生强烈的归属意识和身份认同；而纳瓦特尔语所反映的社区独特的世界观，也有力地提高了孩子们对学习语言的兴趣。这些都和土著民族社区对保存本民族语言所作出的积极贡献分不开。

在家庭层面，青少年的家庭成员也鼓励青少年学习和使用纳瓦特尔语。社区讲习班负责人认为，对土著青少年说纳瓦特尔语或其他土著语言也是一项家庭工作。在家中，老一辈家庭成员通过日常沟通和知识分享的方式，使得青少年的语言学习可以在最适宜的语言环境中有机地进行，家庭成员之间的关系也会更加和睦亲密。除了日常沟通以外，更重要的是通过使用语言保留了家庭、社区和民族族群看待世界的方式和价值体系。在特齐纳卡潘社区—学校—家庭三方联动的努力之下，当地青少年开始更乐于使用纳瓦特尔语交流，并且通过民族语言去认识和了解自身文化。可以说，当地青少年就是民族语言和文化的传承者。社区的成功经验还通过纳瓦特尔语的"远程中学"（Telesecundaria）系统，分享给其他纳瓦特尔社区的学生和全国纳瓦特尔语学习者——他们可以通过该系统在电视或网络上收听、收看纳瓦特尔语课程。

特齐纳卡潘社区对民族语言文化保护的成功经验，也在相邻的格雷罗州纳瓦特尔土著社区结出了果实。一位积极参与纳瓦特尔语保护和推广的当地双语教师对此的看法很有代表性。普拉格迪斯·马丁内斯·德拉克鲁兹（Pragedis Martinez de la Cruz）是格雷罗州一位西班牙语和纳瓦特尔语双语教师。德拉克鲁兹回忆，他在小学时因为和其他同学在学校讲纳瓦特尔语而受到老师的责罚，因为纳瓦特尔语"不仅对他们的未来毫无益处，还会引起歧视"。而现在，作为特拉帕当地一所小学的老师，德拉克鲁兹设计了一项母语教学计划，这项计划和他当年所接受的教育截然不同，他希望"孩子们在学习纳瓦特尔语时能感到很高兴"，哪怕未来他们离开当地社区时也可以通过纳瓦特尔语寻回自己的根。

除了教师的身份以外，德拉克鲁兹同时还是一位"索契特拉奎罗克"（xochitlahkwilohkeh，纳瓦特尔语"诗人"的意思）。在他的课程计划中，他非常注意引导孩子们将社区的历史文化传统同他们的个人经历结合，通过文字创作、传统歌曲、各类游戏等方式，激发他们的学习热情。同时他还时不时地邀请社区成员分享他们的知识。该计划已进行了八年，孩子们表现出良好的反应。

从上面的例子我们可以看出，土著民族社区所作出的积极努力不仅可以保护当地语言文化本身，而且还非常有助于培养和提升土著人民的自主意识和社区凝聚力。如果当地社区对维护土著文化和语言采取积极主动的态度，促成社区成员与学校之间的通力协作，就可以有力地避免经常发生在其他一些土著社区的悲剧：那些社区由于缺乏有效的多语言教育政策的支持，自身也欠缺强烈的主动保护意识，造成学校与社区力量之间的联系脱节，导致当地土著语言学无可用，反而成为当地居民与外界沟通的桎梏，最终导致其文化在长期的消极等待中逐步走向消亡。

### 7.2.4　地球大学：一所"去学校化"的学校

2001 年成立于瓦哈卡州的地球大学（Unitierra）不是一所传统意义上的大学，甚至其"大学"之名一半带有对现代大学模式的嘲讽之意，而另一半则是对"大学"之名本源的真诚向往，即"一群志同道合的友人，不是为获得文凭或其他实际目的，而是仅仅因为相同的志趣和好奇心而围坐一起，相互学习，并以此为乐趣"。

地球大学带有强烈的拉丁美洲左派思想，其衍生出的教学方法主张摒弃传统的学校教育，强调学生"自主地学习、反思和行动"。当地球大学概念与土著教育结合时，认为土著人民的孩子真正需要学习的知识是如何健康地继续维持他们在社区的生活，以及如何为所处社区的共同利益和所属土地环境的可持续性发展作出贡献。

地球大学由已故社会活动家古斯塔沃·埃斯特瓦[1]（Gustavo Esteva）创立。埃斯特瓦本人既是一位 20 世纪 90 年代土著民族主义思潮的支持者，又是伊万·伊利奇[2]（Ivan Illich）的"去学校化"主张的坚定支持者和倡导者，因此地球大学可以说是埃斯特瓦将土著教育与"去学校化"理念结合后的实验性作品。当时墨西哥主流社会对土著教育的观念也催化了地球大学的成立：彼时主流教育观念仍停留在"国家发展的根基是国族教育，而国族教育的最大阻碍是土著教育，因此土著教育的方针是去土著化"。这种所谓的"主流"思想在 1994 年受到了致命打击。爆发于恰帕斯州的萨帕塔民族解放运动席卷整个墨西哥，极大地推动了土著人民自我意识的全方位觉醒。在教育方面，土著人民不再认可国家甚至全世界灌输的所谓"理想"教育范式，即西方视角下以科技和经济为唯一标准的"进步范式"。在此余波的震荡下，1997 年瓦哈卡州土著人民发表了反对"教育暴政"的激烈宣言："学校一直是墨西哥国家用以摧毁土著人民的主要工具"，由此带动许多土著社区暂时关闭了学校。主流报纸的头版用极其恶毒的语言评论道："这些野蛮人注定了他们可怜孩子的无知。这样的土著自治是不应该实现的。"土著人民，特别是青年人的教育成为问题和担忧，他们向往学习却因没有文凭而无法继续。

在此过程中，埃斯特瓦先是加入了萨帕塔民族解放军的游击队。但在对武装暴力感到失望后，他决定以参政的方式去实现理想，然而政府的腐败使他再一次失望，于是他转向思考如何通过教育改善墨西哥社会。埃斯特瓦和志同道合的知识分子朋友经过多年的研究、讨论、酝酿和准备，他们和土著人民一道成立了地球大学，"一个促进那些不认可学校教育的人士学习的地方"。萨波特克歌手和知识分子海梅·卢纳（Jaime Luna）为其起名为"地球大学"，寓意大学应立足于地球，关心大地母亲。地球大学是土著教育、"去学校化"思想和萨帕塔主义三者相结合的产物，然而其核心理念去除了上述三种思想源头中各自最激进的部分：去除了"去学校化"中乌托邦式的教学设想，留下了"在做中学"的中心精神；去除了土著教育中自我孤立的边缘型心态，留下了"良好的教育能够帮助土著人民摆脱困境"的积极态度；去除了萨帕塔主义的暴力和激越对抗方式，留下了"土著人民可以选择自己的教育方式"的坚定思想。可以说，地球大学的土著教育理念既是超前和激进的，又富有理性和现实精神。

地球大学完全不同于在任何意义上的现代大学，它既是一个相互学习的空间，同时又是一个组织和链接各种教学资源的网络。对于那些有兴趣探索当地社区的人来说，地球大学所展示的教学方式既能基于当地传统智慧，同时亦热切欢迎任何适用于当地环境中的跨地区知识。地球大学将这些源自不同社会现实和背景的知识和信息，以基于某种相同的目的加以整合、分析和应用。 地球大学认为"让学习者根据自己对个人环境和社区环境的认识，决定和选择自己对知识和技能的需求，无论这些需求是实际领域的（如农业、建筑、多媒体）或是科学研究（如社会学、哲学或文化）。他们通过从专业或研究领域的专家、从业者那里学习，并通过学徒制进行教学设计。然后，学成者应当返回他们社区实践并贡献他们所学到的知识"。继 2001 年成立的恰帕斯地球大学之后，在墨西哥的下加利福尼亚、恰帕斯、普埃布拉等州，甚至哥伦比亚、加拿大、美国、西班牙、日本也出现了扎根当地实情所建立的、各有其组织架构特点的地球大学（或类似实体组织），以应对当地社区的需求。

地球大学可以被称为"理想主义者的大学"，没有老师，没有教室，甚至没有课程，只有"合作学习者"（他们不使用"学生"一词）的汇集。由合作学习者提出学习需求，地球大学尽可能去满足合作学习者在合作中学习的各种条件。合作学习者会从服务社区的角度出发，进而提出更深刻、更复杂的问题，并在学校的进一步帮助下寻求答案。而所有合作学习者也同时是老师，必须参与社区"服务"，分享自己的知识和看法。实现上述目的的核心活动是大学研讨会，由合作学习者紧跟最紧要的外部现实进行研讨。地球大学所产生的知识成果会通过地球大学与各种社区和组织的合作，以及合作学习者回到社区后的实践或分享活动，将学习成果转化为实践成果。

地球大学寻求自主和自由学习的试验已经进行了超过 20 年，其创立不仅只为了抵制"盲目的教育标准化、全球化"趋势和那些遥不可及的"宏大计划"，而且更是倡导营造与个人生活和社区生活紧密相关的主动学习模式，同时以组织试验性的社会活动来尝试土著社区生活的种种可能。地球大学因本身性质决定了其适用人群和范围的局限，但我们更应当看到其形式背后为教育创新和教育替代方案进行的尝试，这种尝试在其局限之外恰恰为其"适用人群和范围"提供了真实可见的可能，表明了至少对基于各地现实的土著教育是行之有效的。地球大学虽未直接进行土著语言教学，但是从另一方面来说，其植根当地土著社区生活习俗的教学内容和教学实施为土著教育开辟了一条可尝试的路径，提升了土著语使用者的自我认可和自信心。

## 7.3 "文化助推语言"：大众传播手段的推广

语言资源可以为土著人民创造展现其文化创新能力的机会，文化传播可以反过来成为助推语言文字创新的最佳载体。土著语言不仅一直是沟通理解的桥梁和传播传统文化、知识和智慧最重要的载体，而且特别是在今天更是土著社区参与世界互动，以及对外体现土著民族社会、文化和经济价值的载体。正如国家土著语言研究所前所长胡安·雷西诺在 2017 年首届"国家土著语言博览会"开幕之前所希望的那样："我们的想法是与整个国家一道，为我们所有的土著民族语言建立一种基于尊重、多元文化主义、存在和共存的文化。我们想传递的信息是，今天土著人民正在展现出超越社区范围的创新精神。"深度发掘土著文化元素，广泛依托最新信息技术，主动融合各种其他文化形式，使得土著民族语言文化得以脱离原本封闭枯竭的原生土壤，散播到更广阔天地与其他文化共生共存共发展。

在新冠疫情肆虐期间，土著民族语言文化更是展现出强大的生命力，甚至凭借国内国际舞台，丰富的土著文艺形式得到更广阔的施展和呈现天地。以往被认为是"吞噬土著语言文化洪流"的数字技术、网络技术，也被墨西哥广泛利用，发挥其在促进土著语言使用和保存方面的无限潜力。近年来，墨西哥广泛借助各种文化平台，创造展示各种多语言元素、商品、服务的文化空间，构建土著语言使用者与文化领域的代理人、促进者、创意者、研究人员、政府机构和土著语言使用者之间的联系，从而促进他们在创新、发展、推广和传播土著语言文化过程中，找到某种确切的价值定位，有助于提高这些土著民族语言在国家甚至全球层面的知名度和定位。

### 7.3.1 土著文化广播系统[1]：土著人民和大众之间的交汇点

联合国《土著人民权利宣言》第十六条：

> 1. 土著人民有权建立和使用自己语言的媒体，有权不受歧视地利用所有形式的非土著媒体。
>
> 2. 各国应采取有效措施，确保国有媒体恰当地反映土著文化多样性。各国应在不损害言论充分自由的情况下，鼓励私有媒体充分反映土著文化的多样性。

随着互联网技术和无线移动通信技术的普及，使用手机、平板电脑等智能化移动终端设备实现全时段、全区域的信息传导和交流通信等技术和功能也代表着网络通信技术智能化趋势已在全球铺开，传统的电台广播似乎已经不合时宜。对于广大土著人民族群来说，由于网络、设备、地域、时间和语言等多方面的限制，传统电台广播仍是土著人民与外界沟通的可靠桥梁。一个优秀的民族语言广播应致力于发挥"四位一体"的传播功能：权威主流的信息供给平台、丰富多彩的文化传承阵地、多元立体的民族特色展区和强劲有力的民族认同工具（王玉风，2016）。今天，墨西哥的土著文化广播系统[2]（Sistema de Radiodifusoras Culturales Indigenas，SRCI）正将土著人民熟悉的声音传到他们的社区市场、学校教室、家中客厅，传统广播的优势在墨西哥土著人民聚居区得以充分发挥。

自从首个土著文化电台"大山之声"（La Voz de la Montaña）于 1979 年 3 月 10 日在墨西哥西南部格雷罗州特拉帕德科蒙福特自治市开始广播以来，

---

1　关于土著人民广播系统全面的研究，可参考 Portugal, I C. La Radio Cultural Indigenista：punto de encuentro entre lo indígena y lo masivo ［J］. Convergencia Revista de Ciencias Sociales, 1994（6）.

2　墨西哥全国土著广播系统介绍可参考：México, País Líder En Radiodifusoras, https：//imparcialoaxaca. mx/los-municipios/347671/mexico-pais-lider-en-radiodifusoras-indigenas/, 2019.

土著文化广播系统至今已在墨西哥合众国 16 个州运行 22 个全国分设站点[1]，以墨西哥国内超过 35 种民族语言和方言变体向土著人民群体播出。

在墨西哥，由于受教育程度较低、体力劳动时间长、经济能力有限的原因，土著人民、非洲裔移民和农场工人严重依赖广播电台获取信息和娱乐，因此土著广播电台也一直是他们所属社区最有效的外部联系和内部组织工具。作为中央政府最初在多民族地区工作计划的重要组成部分，土著文化广播系统项目于 1979 年由国家土著人民研究所创立，"一方面满足广大听众的交流需要，另一方面激励和加强土著社区和组织参与无线电广播的建设工作，他们可以以这样一种方式进入电台的管理、推广和内容导向层面，进而将电台广播这种媒体交由土著人民自己掌管"。

今天，土著文化广播系统隶属于墨西哥联邦政府的国家土著人民研究所下属的无线广播部，各个分设站点依靠土著人民研究所分配的相应政府预算资金。尽管这些电台在其服务社区中拥有大量听众，但它们的预算却非常有限。最新数据显示，每年土著文化广播系统可获得约 1 300 万墨西哥比索（约合 61.4 万美元）的国家拨款。其中，每个分设站点平均每年可分配到约 59 万墨西哥比索的经营预算（约合 2.7 万美元）。

虽然土著文化广播系统隶属于墨西哥中央政府及其下属的土著人民研究所，但是由于各个分设电台站点的特性更偏向于"扎根特定族群、面向特定社群、服务特定人群"，使得这些站点与当地土著社区的关系更为亲近，因此广播系统的各个分设站点具有相当的独立性和自主性，通常会避免空泛的宣传内容，播放内容更加贴近于当地土著人民的生活生产[2]。另外，从土著文化广播系统到各个分设广播站点都制定有包括行为守则和站点运作规则等在内的各种相应规章制度，使得土著文化广播系统保持了相当的独立自主权。

---

1　土著文化广播系统的 22 个电台分别是：La Voz de las Huastecas，La Voz de la Costa Chica，La Voz de los Cuatro Pueblos，La Voz de los Vientos，La Voz de la Sierra Norte，La Voz de la Chinantla，La Voz de los Tres Ríos，La Voz de la Sierra Juárez，La Voz de los Mayas，La Voz de los P'urhepechas，La Voz de la Mixteca，La Voz del Valle，La Voz de la Sierra Tarahumara，Las Tres Voces de Durango，La Voz de la Frontera Sur，La Voz del Corazón de la Selva，La Voz de la Sierra de Zongolica，La Voz de la Montaña，La Voz del Pueblo Hñähñú，La Voz de los Chontales，La Voz del Gran Pueblo，La Voz de la Sierra Oriente。

2　有趣的是，由于分设站点的中心机构通常设在土著社区并且与当地民众保持长期的亲密联系，因此当地民众如果对播出内容感到不满或者被冒犯，通常会亲自前往站点进行反馈、投诉和抗议。

今天随着数字网络技术和移动终端的普及，除了传统的无线电台广播以外，土著广播系统也开始打破传统的通过无线电播放方式向数字化播放平台延伸。现在，越来越多的土著广播电台开始开设数字网络服务，听众可以通过移动终端收听而无须使用无线电接收设备。2019 年，土著人民研究所"土著回声"（Ecos Indígenas）方案应运而生，旨在通过互联网平台更加多元、有效、广泛地传播墨西哥文化的多样性。该项目的两个主要目的是：①将研究所下属的全国分设站点[1]全部数字化，实现所有站点的无线电平台和网络平台并行；②将所有分设站点整合到"土著回声"主页下，实现"一站式"全覆盖便捷服务平台。今天，"土著回声"汇集了土著文化广播系统所属的所有 22 个分设电台站点的全部播出内容，这 22 个分设站点都可以直接通过土著人民研究所"土著回声"的独立网站[2]直接进行链接和收听。毫无疑问，网络平台的设立极大地提升了土著人民电台在墨西哥国内和国际的影响力。正如"土著回声"网络平台建立之初的口号所倡导的那样："我们走得更远，为了离你更近！"（Llegamos más lejos para estar más cerca de ti!）

以往土著文化广播系统工作条件仅限无线电平台时，各个广播电台的播放内容大多局限于当地土著族群的生产生活，听众的接收方式也仅限无线电广播接收器或包含此功能的装置，听众绝大多数也以家庭为单位。而今天的数字广播平台使得墨西哥土著人民的语言得以通过更多渠道传播到更广阔的国内和国际空间。除了以往以覆盖当地大多数地区的土著民族语言为主的内容进行播放外，现在通过更多民族语和西班牙语的双语播音员和工作人员的加入，还专设面向外部世界的电台节目[3]，内容包括展示和宣传当地土著人民的传统文化及其衍生的语言艺术、音乐舞蹈、传说故事、习俗节日、传统医学、美食、手工艺等文化遗产的表现形式。不仅让节目内容和传播渠道更加丰富，他们的传统文化、理想诉求、生活方式都得以被外部世界认识、了解和分享，反过来他们也因为自己听到了自己语言的声音而对土著电台愈加认可和亲近。另外，从其他渠道传回的咨询信息也极大地打开了当地土著人民的眼界和知识圈。土著文化广播系统已在墨西哥国内千百个社区深深扎下根基。今天，

---

1　当时分设站点为 21 个。
2　"土著回声"全部电台可通过土著人民研究所"土著回声"官网 http：//ecos.inpi.gob.mx 收听。
3　通常为西班牙语。

"土著回声"数字网络广播平台将其升级成为一种崭新的、内外双向的跨文化广播平台，土著语言文字的传播范围扩大到全国和世界各地，土著民族语言的保护和发展以一种更加现代的、动态和有机的形式融入外部世界，展现出独特的生命力。

土著文化广播系统在其发展的 40 年中也曾经历风风雨雨，最大的困难莫过于中央政府长久存在的、对土著民族文化的漠视态度。这种漠视除了表现为经费压缩、人员削减、超时工作、设备维护更新不力以外，甚至还有一些其他利益集团在诋毁土著文化广播系统。对于各个分设站点的一线工作人员来说，他们多数是靠着对自己民族的自豪，对所属社区的热爱，对服务、保护和推广族群语言文化和传统习俗的热忱而勉力坚持，希望把那些存活千年的语言文化传递下去。

另外，我们也不能忽视的一点是，同前文中所提到的墨西哥全国教育工作者协会等其他一些非政府组织一样，墨西哥土著文化广播系统或多或少都保持着对资本主义国家体系和政府的警惕和批判，这原本是可以积极地起到维护宪法、对国家系统进行有效监督、避免教育不平等的正向作用。然而如果这些民间组织只是为了"彰显"自己的独立性和自主性而采取"不理解、不配合、不接受"的方式，与国家总体步调保持距离，彻底游离于国家生活与公民生活之外，甚至"为了反对而反对"，那么结果只会适得其反，不仅各方都会因此背负内耗之害，而且到头来土著社群及其人民将会是受害最深的一方。因此，如何达成一种平衡，使得土著人民广播电台既能为当地土著社群服务、传播当地声音、传承民族文化，又能发挥与国家和世界联通的桥梁作用，避免造成坐井观天、自说自话的窘境，值得我们深思和反思。

### 7.3.2 最新数字和信息技术的利用

大多数学习者学习语言是为了某种实际目的，而非仅仅为了学习语言本身。但是在大多数学校课堂里，语言的学习内容同实际和真实的用语环境相互割裂。但是今天数字互联网和虚拟现实技术可以实现把语言学习直接移植到语言环境中，使语言学习与实际生活和语境无缝结合。问题在于：在技术保障成熟的条件下，如何完善学习内容和方式，使之能够更有效、更有趣地推广到更多的学习者之中呢？

同时，新的网络科技以前所未有的速度加快全球化、一体化进程，语言作为沟通的最重要媒介也开始了主导权竞争。这样的语言竞争使得大量土著人民为了生存而放弃自己的语言。与此同时，新的网络技术现在也可能成为全世界成千上万种民族语言的拯救者。如何利用新技术与传统课堂教育相结合的方式，促进民族语言的保护和发展工作，是中国和墨西哥土著语言保护工作者面临的问题和机遇，当然也是全人类文化面临的问题和机遇。

当前墨西哥土著民族教育的成果深刻地表明，在多元文化交融的时代背景下，无论是民族教育还是国民教育，都不可能再由单一文化主导。取而代之的是不同文化的参与、交融和互通将成为教育过程的催化剂。国民教育与民族教育、现代技术与本土特点、社区发展与传统保存，它们的结合为古老的土著民族文化带来新的光彩。

### 7.3.3　多领域专业人士合作的土著语言数字生态系统：Kernaia 数字项目

Kernaia 数字项目[1] 是由墨西哥 Manuvo 数字技术公司开发的一个旨在拯救、保存和使用本地语言的数字多媒体平台。通过其研发的多平台应用程序，该项目力图创建一个与所有人共享的民族语言数字生态系统。Kernaiad 开发过程得到墨西哥政府的大力协助。

基于数字工具和网络空间，Kernaia 创建了一个独特的生态系统，以保护和传播土著语言及其蕴含的文化元素。Kernaia 数字项目创建者莫里斯·蒙塔涅斯（Maurits Montañez）的团队里除了程序设计者和营销人员外，还有众多艺术家和土著社区居民，他们共同完成了原始平台的构建工作。

除了 Kernaia 数字项目以外，Manuvo 数字技术公司还开发了多项旨在保存和推广土著民族语言等非物质遗产的项目。这些成就也为蒙塔涅斯赢得了许多国内国际的重量级荣誉。

Kernaia 专业人员的杰出成绩体现在一系列以此平台为基础开发和设计的专题内容和应用程序，其中最成功的是与墨西哥西班牙文化中心（Centro Cultural de España）、国家土著语言研究所共同开发的土著语言应用程序。

---

1　Kernaia 数字项目可登录 Manuvo 数字技术公司主页：https：//www.manuvo.com

### 7.3.4 应用程序的开发

基于创建 Kernaia 系统的理念，Manuvo 数字技术公司开发的手机和电脑应用程序"我们来学习纳瓦特尔语"（Ma tiwelikan nawatl），受到了墨西哥国内多家主流媒体的关注和推荐。该项目选择纳瓦特尔语作为第一步，毫无疑问是因为纳瓦特尔语对墨西哥文化和历史的重要性。纳瓦特尔语历史悠久，曾是阿兹特克帝国的通用语言，今天仍有大约 170 万人使用纳瓦特尔语，是墨西哥国内使用人数最多的土著语言，并且无数的墨西哥城市和城镇仍沿袭纳瓦特尔名称。

这款免费的应用程序最大特点是，语言学习同社区体验融为一体，为学习者展示出一种全新的学习体验。它将语言文字与插图和音频结合在一起，使学习者的语言学习变成一种有趣的语言社区"旅行体验"过程。在整个"旅途"中，语言随着日常生活和活动空间（家庭、社区、厨房、村落、聚会等）的展开而变得有意义。在学习过程中，土著的社会和经济状况，连同他们的古老故事、歌曲和传统知识都得以保留和传播。语言学习过程是全面根植于纳瓦特尔社区实际的生活方式和真实的世界观之中。而土著语言和承载语言的文化土壤也通过这样生动的方式得到可持续的保留和推广。

应用程序的设计和开发得到多个政府、文化和电信机构的大力协助，国家土著语言研究所提供了完整的纳瓦特尔语（及多种方言变体）语料库支持。另外，开发过程中还邀请了土著语言传承人、语言学和民俗学专家、插画家等非技术领域的专业人士共同参与设计和开发，使该程序不仅在技术上，更在内容和质量上得到全方位保障。软件甫一上市就得到大量的关注和好评，上线两日的下载量甚至可以媲美风靡全球的游戏"疯狂的小鸟"。

有了"我们来学习纳瓦特尔语"应用程序的成功经验，设计者在此基础上又开发出学习普勒佩恰语（Purépecha）和米希特克语（Mixtec）的程序。可以想见，在不久的未来，会有更多类似的墨西哥土著语言学习软件问世。

### 7.3.5 全民参与的在线词典

语言是不断变化的，在如今全球化、快节奏的世界更是如此。根据实际情况，随时更新用法和表达，让语言在最真切的环境和语境之中发芽，是保存语言活力最有效的方法之一。2018 年，复旦大学外国语言文学学院院长、词典编纂专家陆谷孙教授就曾说："活的语言需用活的词典，而活的词典亦必然基于活的语言。"那么如何编纂一部活的词典呢？网络词典可谓是最优解，而最能胜任这项工作的，毫无疑问是语言的普通使用者。在墨西哥，通过全民参与的在线词典的添加、编辑和增补工作，特有的语言表达得以保存和推广。2016 年创立的"我们就是这么说"网站[1]（asihablamos.com）正是一个专门搜集拉丁美洲国家普通民众日常用语的开放网站。"我们就是这么说"以"一部让你认识我们的词典"（El diccionario latinoamericano, para poder entendernos）为座右铭，基本架构与维基百科类似，内容主要依靠普通网民自由添加、编辑和更新。网站创立之初只是搜集那些在标准词典中无法找到的拉丁美洲俚语或文化词语。发展至今，网站已经可以用于定义任何单词、短语或特定表达。这些单词、短语或特定表达可能有多个定义、用法示例和标签，全部由语言的普通使用者添加和编辑。

借助这个广阔和便捷的平台，整个拉丁美洲最新的日常用语和表达得以被共享和传播，所有人都可以在此随时上传或查阅不断浮现的新用法和新表达。虽然该网站是针对所有日常生活语言而开发的，但其中大量源自土著语言的词条也通过该网站得到保存和推广。这些词条通过网络不断呈几何级繁殖，成为日常生活的通用语或网络"热词"。因此，通过最广泛、最及时的方式，这些用语被呈现在今天普通的生活中，从而有力地带动了土著语言的保护。

## 7.3.6　土著语言文化与流行电影作品的碰撞

亡命天涯的黑帮毒贩在警察和仇家之间周旋，浪漫热情的音乐家在姑娘阳台下用吉他弹奏传统的马利亚奇[2]（Mariachi）音乐，躲在后厨的偷渡客惆怅地喝下一杯龙舌兰酒，穿着民族服饰的老奶奶一边做玉米卷一边用西语咒骂，当然还少不了八字胡、大草帽、破旧货车和沙漠仙人掌。今天全世界对墨西哥人的刻板印象几乎都源自美国好莱坞电影不断地反复强化。不过近年来，在流行电影中的墨西哥土著民族语言文化元素有了更多展现，甚至成为一些超级大片的灵感源泉。下面两部电影都有明显展现或涉及墨西哥土著民族语言文化的内容。

---

1　该网站介绍可参考：Conoce el diccionario en línea de palabras"mexicanizadas". https: //masdemx. com/2017/05/diccionario-palabras-mexicanas-espanol-mexicano-significado/，2017.

2　马利亚奇，一种墨西哥传统的音乐形式。

第一部是 2006 年由美国著名演员、导演、制片人梅尔·吉布森（Mel Gibson）执导的电影《启示录》（Apocalypto），讲述了年轻骁勇的丛林部落战士虎爪一家原本和部落族人在丛林深处过着平静的生活，然而虎爪的部落遭到了玛雅军队的袭击。为了祭祀神灵，玛雅军队深入丛林捕获弱小部落的战俘作为祭天的人牲。就在玛雅巫师将虎爪与同伴一同送上金字塔顶端、准备斩首的最后一刻，神奇的日食中断了祭典。之后，得到神灵眷顾的虎爪经过一路坎坷，冲破险阻穿越丛林，回到部族怀抱。

另一部是上映于 2009 年的灾难科幻电影《2012》。根据玛雅人的预言，人类世界将在 2012 年遭遇终结，电影即据此预言展开。当人类即将跨入 2012 年之际，太阳活动异常导致地球系统崩溃，各国政府联手开始秘密制造逃生飞船，希望能躲过这一浩劫。在生死攸关的时刻，方舟有限的容纳数量引发前所未有的恐慌，人性的不同侧面被无限放大。最终，仅存的人们用互爱和对生命的尊重渡过了难关。

上述两部稍早一些的电影通过银幕让世界开始认识以玛雅人为代表的墨西哥土著民族及其文化，不过《启示录》单纯反映古代玛雅文化的风貌，且电影影响力不高，《2012》虽是非常卖座的科幻故事却架空于末世传说，两部电影与外部世界的通感联结较为薄弱，观众仍处于旁观者的视角，与墨西哥语言文化保持一定距离。

最近十年中，两部由美国顶尖电影公司制作的佳作更是让全世界看到和感受到墨西哥土著语言文化的独特魅力，而且情节内容也与观众更加贴近。一部是 2017 年由迪士尼公司制作的动画电影《寻梦环游记》（Coco），讲述了热爱音乐的墨西哥小男孩米格尔，在传统的亡灵节夜晚竟然穿越到亡灵国度之中，在太阳升起之前他必须得到一位亲人的祝福，否则将会永远留在这个世界里。小米格尔历经艰难险阻，不仅寻找到了回家之路，更发现了爱的真谛的故事。

而 2022 年美国漫画巨头漫威公司的这部超人气电影《黑豹 2：瓦坎达万岁》（Black Panther：Wakanda Forever）更是将古老的玛雅文化精髓放入现代社会的情景中。故事虚构了一个具有超级能量储备的国家瓦坎达，在国王驾崩之时因为一系列误会而与前来结盟的塔罗肯国王纳摩尔结下仇怨。在这危急关头，失去所有亲人的苏睿公主挺身而出，成为新一代黑豹战士，凭借胆识和智慧化解了危机。在这部科幻大片中，在塔罗肯[1]（Talokan）这个虚构的海底王国中，玛雅文化元素比比皆是，国家语言也使用尤克坦地区的玛雅方言。扮演塔罗肯国战士的主要演员都是土著原住民后裔，包括国王纳摩尔的扮演者，墨西哥演员特诺奇尔·武埃尔塔（Tenoch Huerta）。值得注意的是，纳摩尔作为 1939 年漫威公司成立之初就已被创作出的配角角色，按漫威原著设定原本属于传说中的海底王国亚特兰蒂斯。自首次亮相以来的几十年里，纳摩尔和他的王国不断与漫威最受欢迎的超级英雄交战或合作，是漫威笔下一位拥有很高人气的反派配角。但是《黑豹 2：瓦坎达万岁》电影对纳摩尔及其王国进行了巨大改动：其间，电影制作者邀请中美洲和玛雅文化方面的专家一道，花费两年多时间研究和创作代表玛雅文化精髓的塔罗肯世界。电影中不仅剔除了原著中虚构的亚特兰蒂斯元素[2]，以真实的美洲玛雅风格重新在视觉上创造了一个新国家和一位新国王，而且更是颠覆性地以美洲原住民的世界观和价值体系替代了以欧洲为中心的视角；对纳摩尔的人物设置也由以往的反派面目改变为更加正面的国家守护者角色。正如导演瑞恩·库格勒（Ryan Coogler）所言："这部电影旨在突出墨西哥与非洲文化，以及人们在家园被殖民后如何依然保持他们的传统没有退缩。"

　　无独有偶，与漫威并称为"美国漫画双雄"的另一家漫画巨头 DC 公司也不甘示弱。在漫威开发玛雅文化元素的同时，DC 公司也联合华纳兄弟电影公司一起将他们的超级明星蝙蝠侠"穿越"到墨西哥文明的另一个象征——阿兹特克帝国。在这部名为《阿兹特克的蝙蝠侠：帝国冲突》（*Batman Azteca：Choque de Imperios*）的动画电影中，蝙蝠侠这位暗黑骑士将融合阿兹特克文明的英雄形象，他拥有了一个典型的阿兹特克式纳瓦特尔语名字——约华利·科塔尔[3]（Yohualli Coatl）。

　　在这部还未拍摄完成的电影中，约华利·科塔尔是一个阿兹特克土著部落首领的儿子。在部落被西班牙征服者摧毁后，这个年轻人前往阿兹特克帝国首都特诺奇蒂特兰警告国王蒙特祖玛。在被追杀的途中，约华利偶然发现

---

1　塔罗肯这个国名可能改编自阿兹特克文化中雨神特拉洛克（Tlaloc）。塔罗肯人称其国王为"库库尔坎"（Kukulkan），这个称呼显然直接取自玛雅传说中羽蛇神的名字（羽蛇神又是几乎整个古代墨西哥各个民族共同崇拜的神灵）。

2　亚特兰蒂斯是古希腊的哲学家柏拉图在他晚年的著作《提马乌斯》和《克里提亚斯》中提到的虚构岛屿。

3　在纳瓦特尔语中约华利是"黑夜"的意思，科塔尔是阿兹特克神话中"神蛇"的名字。

一座被遗忘的蝙蝠神[1]（Tzinacan）神庙。在这里，约华利受到了这座神庙中的蝙蝠神像的启发，创造了一个戴着蝙蝠面具的另一个自我，最终为他的父亲报仇，并阻止科尔特斯摧毁特诺奇蒂特兰的帝国神庙。

故事的背景几乎完全设置在阿兹特克帝国最后岁月的历史之上，其中帝国国王蒙特祖玛、征服者头目科尔特斯以及两人之间耳熟能详的恩怨故事被采用并改编成为这部影片的宏大背景。为此本片也和《黑豹2：瓦坎达万岁》一样，邀请了中美洲研究专家和墨西哥历史学家参与故事创作和民俗顾问工作，可以说这部《阿兹特克的蝙蝠侠：帝国冲突》将会是一部真正建构在墨西哥历史文化现实之上的影片。在这部电影中，墨西哥历史传统连同他的语言文化不再是简单的自我呈现或故事主线的陪衬，新故事将借助全球最著名的经典角色之一的故事线，以一种全新的方式重新演绎一段波澜壮阔的真实历史。

由此可见，今天以迪士尼、漫威、DC 等美国电影公司为代表的当代文化已经认识到传统文明对世界多样性和丰富性的重要意义。对上述电影所投入的巨大心力、物力和财力，从另一个侧面也表明了世界正在经历的两个重要改变：对土著民族的内向关注与保护，以及对土著民族文化的重新发掘与外向发展。

虽然在新的阶段，这样的发掘和发展仍存在诸多问题，例如对文化元素的误用、滥用、混用等，以及所导致的、对土著民族形象的刻板印象。

正如中美洲考古学者库尔利·特拉波亚瓦（Kurly Tlapoyawa）评价《黑豹2：瓦坎达万岁》电影时曾说："（诚然糟糕的流行文化描述）会对观众如何看待玛雅人产生负面影响，但是像《黑豹2：瓦坎达万岁》这样的电影有机会真正帮助年轻的土著孩子大声地告诉世人，'我们不是无知，我们不是懒惰，我们不是愚蠢'，我们不是社会告诉我们的那样。"

虽然纳摩尔和塔罗肯是虚构的，但它们所代表的古代美洲文化却是真实的。这部电影体现了外部世界已经准备好"做足功课"，这将会是那些为经常被边缘化的群体展现自我、争取重生的绝佳机会。

---

1  此名源自阿兹特克文化中的蝙蝠神齐纳坎特库特利（Tzinacantecuhtli）。

## 7.4　"2019 土著语言国际年"前后的墨西哥

从 2018 年最近一次《基本法》修订案可以看出，政府已经注意到仅靠单一的学校教育推行土著语言保护是不够的，必须让更多手段参与其中，这些手段不仅包括了传统的、学术性的"发掘、研究和入档"，还必须依靠多种"大众传播手段"。

利用联合国"2019 土著语言国际年"的契机，墨西哥国家政府和土著语言知识分子共同组织和实施了一系列举措；在社会层面，通过土著民族民间团体自身造血功能的培育和最新数字技术的利用也取得了巨大成就。这些尝试以"文化助推语言"为核心理念，以最新的网络和数字技术为新媒介，将土著民族语言学习和其植根的文化土壤紧密结合的同时，又将这些面临威胁的语言带出博物馆和学术中心，让它们回归生活与现实。

### 7.4.1　墨西哥政府的努力

联合国教科文组织驻墨西哥办事处[1]（UNESCO office in Mexico，简写为"UNESCO Mexico"）从 2018 年就开始着手准备"2019 土著语言国际年"计划的宣传和推广工作，目的是尽可能吸引更多潜在受益者和相关人士的参与。墨西哥政府和民间也非常重视"2019 土著语言国际年"项目，墨西哥政府为响应联合国"2019 土著语言国际年"计划，提高人们对土著语言消亡的重视，以及对保存、振兴和促进土著语言迫切需要的认识，国会宣布 2019 年为墨西哥本国的"土著语言年"。因此，为了更好地、更具体地贯彻"2019 土著语言国际年"的宗旨，墨西哥政府制定和出台多个相应的文件，各种土著团体也加大社会活动力度，响应土著语言年的号召。将这些工作综合起来可以看出，墨西哥的努力方向是尽可能将国家机构、知识分子、专业团队和土著社区等资源综合利用，形成合力，从而达到全社会全民众参与的目的："我们工作计划的设计具有长远的眼光。我们今天着眼于保存土著语言的迫切性，

---

[1] 该办事处成立于 1967 年，主要负责通过不同的项目和合作，促进墨西哥在教育、科学、文化、传播和信息等领域的发展，开展该国与世界和该国国内权力机关、各级政府机构、民间和社会组织和社区之间在相关领域的沟通协调工作，并提供战略和技术支持。联合国教科文组织驻墨西哥办事处的建立是基于对墨西哥国情的综合考量和评估而做出的选择，因此该办事处在墨西哥的各项工作很大程度上可被视为其在全球更大范围内推广之前的先导性试点。

因为土著语言的价值不仅体现在作为交流、教育和发展的手段，而且还体现在语言作为知识体系的储存库，保存着民族身份、文化、历史、传统，以及每个个体的独特记忆。"

前文中已提到本届政府在总统奥夫拉多尔的领导下，开始第四次教育转型，建立新的教育模式，鼓励新一代墨西哥人"学习我们自己的土著语言；学习西班牙语作为我们的共同语言；学习外语（目前为英语）与全球化的世界联系起来"。文化部部长亚历杭德拉·弗劳斯托·格雷罗承诺："既不减少土著民族语言，也不减少语言使用者。"国家土著语言研究所作为政府主管单位，与普通大众、土著成员，连同其他政府部门和社会团体，共同实施保护、保存、促进和发展土著民族语言的行动。

2019 年在国家土著语言研究所的主持下，又有一种语言——纳努语（Hñahñú，使用人口 30 万 ~ 50 万）开始进行"官方化"工作，为未来将该语言整合到以西班牙语为主的日常活动中奠定基础。这也是墨西哥为"2019土著语言国际年"的重要献礼。

### 7.4.2　土著知识分子的力量

当前，墨西哥土著语言在民间社区的发展呈现两种截然相反的趋势：普通的语言使用者数量持续下降，一代又一代土著成员在迁徙中渐渐远离他们民族语言的使用环境，他们不再有机会使用或者学习自己的语言；与此同时，一股活跃的创新运动在文学艺术领域展开。

这股运动的领导者是由一群为数不多但极富影响力的知识分子组成，作为沟通和协调政府部门和土著社区之间的重要桥梁。知识分子组织，特别是土著语言活动家团体，在整个土著语言保护工作中起着巨大作用。这些文学家、艺术家中的大多数拥有土著民族的身份，他们致力于以利用本民族的语言文化为灵感创作艺术作品，从而让自己的民族语言随着他们的作品蜚声国内外。他们利用自身的学识和影响力在国家层面赢得了更多的话语权和行动力，为本族或其他土著民族争取更多权利。另外，他们作为所属民族的精英身份使得他们能够从土著社区和族群的实际出发，为民族教育同国民教育的结合出谋划策；同时积极为墨西哥引入全球化、国际化视野下的现代民族教育理念，有效地促进了土著民族教育。这些出身土著民族的文学家、艺术家对语言有一种与生俱来的敏感，他们深知语言的力量，以及保护民族语言对保护民族文化传统的巨大意义，因此他们所积极支持和倡导的土著民族保护措施，大部分都是以民族语言保护为出发点。这些知识分子组织和个人的积极活动，促成了"2019 土著语言国际年"的许多实质性进展。

比如前文提到过的土著语言作家协会创始人、墨西哥语言学院成员马萨特科语诗人胡安·雷西诺，他自 2017 年起就担任国家土著语言研究所所长。胡安·雷西诺详细地阐述了他促成政府部门和土著社区协同努力的愿景："墨西哥正从单语言社会转向多语言社会，并且所有语言在墨西哥国内拥有平等的地位。"因此，胡安·雷西诺坚信其实未来土著人民比起大多数仅说西班牙语的其他国民拥有自身优势，"因为他们大多数是土著语和西班牙语的双语使用者"。"（整个语言年项目）不仅只是联邦政府的职责，而且还需要国家各州各级政府的协同配合。另外，我们还要积极促成与土著社区通力合作，让他们为自己语言的命运做决定，为自己的社区制定语言政策。"

为此他和他领导下的国家土著语言研究所从两个层面积极与土著社区携手共进："对具有一定生命力的语言，我们一起制定语言发展计划；而对处在消亡边缘的语言，最急迫的是和这些语言仅存的使用者们一起抓紧开展语言保存工作，期待未来这些语言能够重见天日。"

同为土著语言作家协会创始人，并且也曾任职于语言学院的纳瓦特尔语诗人纳塔利奥·埃尔南德斯同样表达了促成各种资源合力的愿望："我们希望加大力量，加强与政府机构和其他团体的合作。因此，我们将积极参与这些机构和团体的倡议中去。""我认为 2019 年应该成为一个分水岭，我们可以深刻地审视我们目前拥有的教育系统，并将其重新引向如何建设一个'多文化、多语言'社会的课题。"

### 7.4.3　联合国的充分肯定

2021 年联合国教科文组织发布的《针对在"2019 土著语言国际年"框架内的土著语言振兴和促进行动的评估报告》[1]（*Evaluation of UNESCO's*

---

[1] 评估报告全文可参考联合国教科文组织官网文件：https：//unesdoc.unesco.org/ark：/48223/pf0000376719/PDF/376719eng.pdf.multi#:~:text=The%20evaluation%20found%20that%20UNESCO%20led%20the%20development, Indigenous%20Peoples%20and%20the%20UN%20three-party%20indigenous%20mechanisms.

*action to revitalize and promote indigenous languages within the framework of the International Year of Indigenous Languages*）显示，墨西哥在"2019 土著语言国际年"期间主办的活动及相关事件[1]数量全球居首[2]，共 159 项，超过位列第二位（美国，108）和第三位（澳大利亚，49）的数量之和。与此同时，以墨西哥为首的国家为"2019 土著语言国际年"的预算外资助提供了大量实物捐助或信托基金捐款[3]，考虑到墨西哥在政治、经济等方面的实力现实，如此成绩实属不易，同时亦令全世界振奋。因此，在《针对在"2019 土著语言国际年"框架内的土著语言振兴和促进行动的评估报告》中，墨西哥在土著民族语言文化保护和发展领域所付出的汗水和取得的成绩得到了高度赞扬，并且多项举措作为示范案例向全世界推广：

（1）"2019 土著语言国际年"的各项高级别活动取得了巨大成功，尤以 2020 年 2 月 27—28 日在墨西哥城举行的"2019 土著语言国际年"闭幕活动"为土著语言制定行动十年"（Making a Decade of Action for Indigenous Languages）为标志。会议颁布了《洛斯皮诺斯宣言》，通过了"国际土著语言十年（2022—2032）"计划，提出了"无我参与即与我无关"（Nothing for us without us）口号，强调了土著人民的中心地位。接受访谈的土著代表们对他们不仅作为代表参加会议，而且能够亲身投入其中深感鼓舞。

（2）将"2019 土著语言国际年"的闭幕活动安排在墨西哥举行，既是墨西哥政府主动申请的结果，同时也是对墨西哥在"2019 土著语言国际年"中所作出的贡献和表率作用的最佳表彰。

（3）在对土著语言的各种积极干预方面，墨西哥标志性成果是着手为土著语言文字建立标准化、规范化、信息化体系。"2019 土著语言国际年"的评估中写道："（在全球范围内，）加强各个国家和地区的土著语言评估能力以将其纳入主流语言环境，并将土著语言纳入国家政策、战略计划和管理框架，这些工作尚未得到广泛实现。另外，政策、计划和框架变化的最终成效也非常有限……各个国家和地区在实践中不断发现实现上述目标的后继力不足，需要采取更有针对性的、国家一级的、长期的、从具体情况出发的措施。"

---

1 包括由联合国教科文组织支持的和独立主办的活动。
2 各国在"2019 土著语言国际年"期间主办的活动及相关事件数量前十分别为：墨西哥（159）、美国（108）、澳大利亚（49）、加拿大（48）、菲律宾（46）、大不列颠及北爱尔兰联合王国（45）、法国（45）、挪威（36）、巴西（24）和德国（16）。
3 在预算外捐助方面，中国是第二大直接捐助国，仅在日本之后，排在法国、加拿大等国之前。

与此相反，墨西哥在此干预层面所做的努力是有目共睹的："不仅逐步将多种土著语言标准化、规范化和官方化，而且广泛利用语言媒体平台将土著语言积极推向社会层面，其中土著广播电台以及土著语言保护和振兴区域行动计划即是该层面的良好干预范例。"

（4）土著民族语言群体积极将纳瓦特尔语等土著语言推向 Facebook、Twitter、Instagram 等全球主流社交媒体。

（5）评估调查中对来自联合国教科文组织成员国的 16 名代表的访谈显示，墨西哥等在开展包括国家资助和立法发展等一系列活动时特别积极（particularly active）。

（6）积极开展政府和国际组织的合作，国家土著语言研究所与联合国教科文组织驻墨西哥办事处在"2019 土著语言国际年"框架内签署了合作协议，旨在通过鼓励媒体多元化，积极促进该计划的推进工作。

（7）针对确保"2019 土著语言国际年"计划能够同时得到土著语言使用者和联合国总系统的积极有效参与，联合国教科文组织墨西哥办事处发挥了领导性的桥梁作用，促成了与土著专家的直接接触，同时建立了各机构间的联动机制，确保将跨文化性与土著人民和土著语言纳入联合国各机构与墨西哥政府的合作中。

（8）"2019 土著语言国际年"计划在大众数字媒体和社交网络得到了良好的展示。然而，在全球范围内该计划的相关内容和信息反而未能深入土著社区，与传统媒体（报刊、电视、广播）的合作也较为有限。不过这些传播手段在中南美及加勒比地区的土著社区得到更广泛的使用，尤其墨西哥在本国政府和联合国教科文组织墨西哥办事处的支持下，试点取得了很好的效果和影响。

# 第8章
## 新冠疫情下的土著民族语言状况：
## 大问题与新机遇

爆发于 2019 年与 2020 年冬春之交的新型冠状病毒肺炎疫情（以下简称"新冠疫情"）[1]，虽本质上是一次病毒感染导致的传染性肺炎，然而不同于一般的流行疾病，此次新冠病毒的波及范围大、影响人数多、传染时间长，可以说这一历史性的、公共卫生领域的突发事件极大地改变了人类社会的发展进程。因此本书单列一章，介绍在新冠疫情爆发期间和趋于平缓之后，墨西哥土著民族的生存状况和由此产生的对土著民族语言的根本性影响。

疫情爆发三年来已席卷 200 多个国家和地区，导致全球各国人民的生命财产安全遭受重大损失。这场肆虐全球、几乎影响每个人生命健康的重大历史灾难，彻底改变了这个时代每一个切面：小到凡人生活，大到国际关系，在短短三年内无不被新冠疫情深刻左右着。

三年新冠疫情的背景下，世界各国人民更加深刻和真切地认识到了"建立人类命运共同体"的重要性、紧迫性和必然性。习近平总书记深刻地指出，"这个世界，各国相互联系、相互依存的程度空前加深，人类生活在同一个地球村里，生活在历史和现实交汇的同一个时空里，越来越成为你中有我、我中有你的命运共同体"，"困难和挑战进一步告诉我们，人类是休戚与共的命运共同体，各国要顺应和平、发展、合作、共赢的时代潮流，向着构建人类命运共同体的正确方向，携手迎接挑战、合作开创未来"。当前我们必须深入思考如何深化国际安全合作，推进全球治理体系的改善，唯有让所有人达成共识，携手面对这场人类面临的重大生命安全挑战，才能从中获得提升全球治理水平的宝贵经验，共同致力于构建人类命运共同体、人类卫生健康共同体的伟大事业。

此次新冠疫情的灾害性对地球村中的"弱势群体""边缘群体""脆弱群体"的威胁和挑战尤为严峻，其中全世界土著民族人民和族群更是受此灾难最深刻的人群之一。在世界各地分布着约 5 000 个土著人口群体，他们千百年来沿袭传统生活方式和古老风俗，依靠大自然过着自给自足的生活。但在全球化大潮席卷世界每一个角落的今天，全世界土著人民及其所属的民族族群的生活环境遭到巨大冲击，导致其语言文化环境也感受到明显恶化。

联合国秘书长安东尼奥·古特雷斯（António Guterres）在 2020 年"世界土著人民国际日"的致辞中就曾指出："新冠疫情已经严重影响了世界各地的

---

1　新型冠状病毒肺炎（Coronavirus Disease 2019，COVID-19），世界卫生组织命名为"2019 冠状病毒病"。

4.76 亿土著人民。纵观历史，从其他地方传入的疾病时常导致对此毫无免疫力的土著人民大量死亡。各国必须调动资源，满足土著人民的需求，肯定他们的贡献，并尊重他们不可剥夺的权利。"他指出，"当今疫情出现之前，土著人民就已经在面对根深蒂固的不平等、污名化和歧视等问题。有限的医疗保健、清洁饮水和卫生设施条件更加剧了他们的脆弱处境"，"土著人民主要从事传统职业和自给自足的经济活动，或在非正规部门工作。而疫情出现之后，这些都已受到不利影响。随着手工艺品、农产品和其他商品市场的关闭，为家庭提供食物和营养的土著妇女受到严重打击。许多没有在线学习机会的土著儿童所面临的问题也急需解决"。

根据中国生物多样性保护与绿色发展基金会的相关研究[1]，新冠疫情及其社会与经济影响对可持续发展目标实现轨迹产生深刻影响，其中也包括全球4.76 亿土著和部落人民。在新冠疫情背景下，受到长达一个世纪的边缘化及一系列社会经济、健康和环境脆弱性的综合影响，土著和部落人民受到尤为严重的影响，而现在更容易受到健康恶化、贫困加剧、歧视与暴力事件增加的威胁。

土著人民所面临生活环境的脆弱性是全方位的，作为多民族多文化大国的墨西哥更有深切体会。那么，当新冠疫情这一突发公共卫生事件来临之时，墨西哥的土著人民将会面临怎样的险恶环境呢？墨西哥又是如何应对的呢？是否有成功经验可以与世界分享呢？

## 8.1　新冠疫情下的土著人民基本生活状况

从历史上看，占墨西哥全国总人口约 10% 的土著群体一直生活在持续不稳的社会和经济状况之下，69.5% 的土著人口（840 万人）生活在贫困线以下，27.9% 的土著人口生活在赤贫状态（340 万人）。2020 年 7 月，国家土著人民研究所（INPI）新冠疫情高峰期的官方数据显示，有 4 140 例土著语言使用者出现新冠阳性病例，其中造成死亡 719 人，死亡率达 17.3%，远高于墨西哥平均水平（9.8%）[2]。

---

1　全文可参考：https：//baijiahao.baidu.com/s？id=1674718273785976834&wfr=spider&for=pc
2　数据来源：https：//www.npr.org/sections/coronavirus-live-updates/2020/11/20/936958271/mexico-surpasses-100-000-covid-19-deaths

在此我们必须简要了解一下这组数字之后的背景信息。自从新冠疫情在全世界范围内爆发以来，墨西哥的感染率和死亡率一直居高不下，该国是全球第四个确诊死亡人数突破 10 万人的国家，然而须知前三位美国、巴西和印度人口都远高于墨西哥。同时，墨西哥也是全球新冠感染率和死亡率最高的国家之一[1]。考虑到这样的背景，墨西哥土著人口新冠死亡率仍达到该国平均水平近两倍，可想而知土著人民所面临的困难是何等严苛。从疫情期间的相关数据看，墨西哥的新冠感染率、死亡率，和人群的生活水平与语言群体分布高度重合，其结果不言而喻。在新冠危机背景之下，土著人民面临的困难是全方位的。

### 8.1.1　水、通信和营养

水资源的保护和保障无疑在任何时候都至关重要，在这场突发公共卫生事件期间，健康的水资源更是对新冠疫情的预防具有重要意义：人们通过水的清洗作用（如频繁洗手）来改善卫生条件，避免病毒传播。墨西哥国家发展政策评估委员会（Consejo Nacional de Evaluación de la Política de Desarrollo Social，CONEVAL）的官方数字显示，在墨西哥的农村人口中，每五个土著语言使用者中就至少有一个土著语言使用者（21%）正因健康水资源的无法保障而面临缺水的境况，然而这个数字在西班牙语使用者中仅为 16.8%。面临水资源危机，墨西哥国家水委员会（Comisión Nacional del Agua，CONAGUA）在联合国教科文组织的通力支持下，在土著和非裔墨西哥社群中大力组织翻译和传播水资源保障工作的相关具体内容，并且对土著社区进行水资源自救性保障的培训和宣传，以便在面临突发事件时土著社区可以采取相应措施，保障饮用水健康。

除了清洁的水资源外，对外通信与联络也是疫情期间的重要保障工作。在墨西哥，土著人民可接收的电信服务（电话、广播、电视）和网络联通困难重重，这使他们难以获取即时有效的外界信息。联邦政府 2019 年社会保障覆盖计划（el Programa de Cobertura Social del Gobierno Federal 2019）数据表明，相对移动数据服务已经覆盖 99% 的城市人口，在土著农村地区仅有略多

---

1　同时墨西哥也是医护人员因新冠疫情死亡人数最高的国家之一。数据来源：https://coronavirus.jhu.edu/data/mortality，https://www.worldometers.info/coronavirus/country/mexico/ 和 https://www.statista.com/page/covid-19-coronavirus

于一半的人口拥有移动数据覆盖（1 138 万人，且多为女性）。与之相呼应的数据来自通信和交通秘书处（la Secretaría de Comunicaciones y Transportes）：大约 5 200 个土著居民定居点 [1] 中的 300 万名土著人身处固定和移动宽带电信网络的覆盖区域之外。

　　另外，土著学生还必须面临另一层不利因素：早餐和午餐的供应问题。对于普通学生来说只是离校居家，但是对于土著学生来说，由于学校关闭，学生得不到土著学校所提供的免费早餐和午餐，这在很大程度上影响了土著学生发育期所需要的营养摄入。

### 8.1.2　经济环境

　　当前的疫情危机正在对墨西哥的文化旅游产生巨大影响，而文化旅游业是土著人民最重要的经济活动之一。在疫情初期，土著人民遭受比一般墨西哥国民更高的感染率和死亡率的折磨；此后，墨西哥政府在全国大约 700 个土著城市中的 250 ~ 300 个城市实施"卫生管控和隔离"部署之后，防疫成果大为改观，有效地遏制了新冠病毒在土著社区的传播。

　　然而，无论是病毒肆虐阶段还是管控隔离阶段，都对土著经济环境造成难以想象的消极影响。首先，疫情几乎完全阻断了文化旅游业这一土著人民的主要收入来源。其中，占文旅业 1/3 以上工作岗位的手工艺品生产和销售实际上处于瘫痪状态。其次，土著人民的另一项重要收入来源是外出务工，即向周边城市地区输出人力资源。然而疫情的爆发使得土著劳动力流动完全停滞，而反过来对于依赖土著劳动力的行业来说（通常是较低附加值的工作），也是重大甚至是致命打击，同时也暴露出社会保障和公共卫生机制长期缺席所带来的严重问题。

## 8.2　新冠疫情期间的土著语言保护

　　令人欣喜的是，在新冠疫情肆虐墨西哥、土著语言文化面临严峻威胁之时，墨西哥土著语言保护不仅获得了足够的关注和保护，而且在危机中寻找

---

1　土著人口占区域总人口的 40% 以上。

迸发新生命力、新活力、新潜力的途径。

### 8.2.1 学校教育：全媒体参与的"居家学习"计划

疫情造成的健康风险使得墨西哥全国各级学校陷入关闭状态，现实迫使墨西哥人必须耐心和谨慎。在重返校园之前，远程教育平台成为最优替代方式。然而，在土著社区，网络和开放式电视信号的覆盖率较低，此外接收远程教育的计算机、平板电脑和移动电话等移动终端设备匮乏，使得远程教育面临重大挑战。若因此造成长期的持续性课堂学习不足，先勿论土著学生能否保持学习进度，就连能否保证其出勤率甚至留校率都成问题。因此，墨西哥公共教育部通过以电视、网络、广播和免费教科书同步的民西双语"居家学习"远程教育计划（el programa Aprende en Casa）来应对和解决这个问题。

该计划是墨西哥政府为应对新冠疫情对学校教育的影响，由墨西哥总统奥夫拉多尔倡导，墨西哥公共教育部于 2020 年 4 月启动的一项面向除大学以外的远程教育计划（包括特殊教育）。奥夫拉多尔总统说："（居家学习）不是紧急情况下的替代或临时课程，而是要以（正常课堂）的所有形式（las clases con toda formalidad）进行教学。学生们将按照教育计划开始上课，他们将拥有书籍和任何必要的工具。"前公共教育部部长埃斯特万·莫克特祖马[1]（Esteban Moctezuma）说："即使学生们没有互联网或电视，他们还有广播、教科书、练习册和来自社会各界的特别关注。"

公共教育部选定传统电视，而非互联网作为"居家学习"计划的首要媒体平台，背后有对本国国情，特别是对农村和土著学习者居家学习实际状况的深刻认识和考量。国家统计和地理研究所（INEGI）的数据[2] 显示，选择在电视上进行课程播放是因为墨西哥 92% 的家庭拥有电视设备。2020 年 9 月针对"居家学习"计划第二期各平台学习情况的数据显示（见下图）[3]，学习总人数达 3 200 万，其中通过公共电视学习的人数最多，达 1 250 万；通过付费

---

1　2021 年 2 月 15 日，莫克特祖马赴任墨西哥驻美国大使，公共教育部部长一职由德尔菲娜·戈麦斯·阿尔瓦雷斯（Delfina Gómez Álvarez）女士接任。

2　数据来源：https://www.infobae.com/america/mexico/2020/09/22/aprende-en-casa-ii-son-28-millones-de-personas-el-alcance-de-las-clases-a-distancia-en-tres-semanas/#: ~: text=Aprende%20en%20Casa%20II%3A%20son%2028%20millones%20de, minutos%20por%20d%C3%ADa%2022%20de%20Septiembre%20de%202020

3　数据来源：https://es.statista.com/estadisticas/1196904/participacion-programa-aprende-en-casa-mexico-plataforma/

电视和网络学习的人数相近，分别为 700 万和 600 万；另外，通过国家和公共网络电视与各州私人网络电视学习的人数为 550 万，另有 100 万名学习者通过广播、免费教科书和其他资料学习。另一个重要原因是墨西哥有着较为完备的全国教育电视系统。该系统建立于 1968 年，已经有半个世纪的电视教育传统和经验，在内容、技术、运作、基础设备等各方面成熟可靠，最典型的例子就是为土著学生设立的"远程中学"教育系统[1]。因此，在此基础上选择电视作为主要媒体平台，确实能够在其国情下最大限度地保证远程教育的顺利进行。

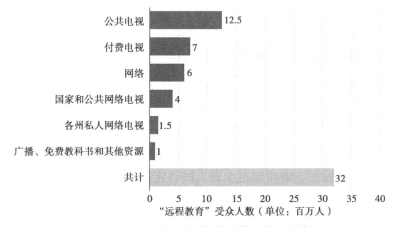

2020 年 9 月"居家学习"计划第二期收视情况

对无法通过电视进行居家学习的人群，他们仍然可以通过收听广播来获取教学内容。此外，政府还配套提供了与广播内容相匹配的免费新版教科书，并安排了当地教师的支持，以保障这些学习者能够顺利接受到教育。既然选定电视媒体为线上课堂的首要平台，那么就必须遵循传统电视播放和收看的基本特点：节目内容和时段安排由电视台主导，观众的主动权会受到很大限制。那么，如何合理地安排内容和时段就成为墨西哥政府和各电视台之间必须严肃思考的关键点。

如果说首期"居家学习"计划因为各种原因上线时还略显仓促[2]，那么第

---

1　2000 年，墨西哥超过一半的中学生通过"远程中学"接受二级教育，到 2017 年仍有超过 1/5 的中学生使用该系统学习。

2　由于疫情所带来的不利因素，首期"居家学习"计划课程在过程和内容上常有疏漏之处，因此制作者们对每周授课内容进行一次必要的更正和更新，并且将在未来对虚拟课堂教学全过程进行审核评估和深化改革。另外，公共教育部还为家长和监护人设立了 160 条电话热线，解答社会层面对远程教育提出的各种相关问题。

二期计划在此基础上获得了足够经验和时间进行有效的分析、反思和提升。于是在 2020 年 8 月 24 日，第二期 "居家学习" 计划[1]（2020—2021 学年）全面上马之时，总统奥夫拉多尔与国内四家大型电视台签署协议，批准公共教育部向电视台支付总计达 4.5 亿比索（约合 1.6 亿元人民币），为 "居家学习" 计划提供免费的电视信号和六个播出频道[2]，总共将制作 4 550 个电视节目，"以一项强大、官方、有效的计划开启重返课堂的旅程，为 16 个学年级的 3 000 万名学生提供教育服务（莫克特祖马语）"。

Televisa 电视台董事会执行主席埃米利奥·阿兹卡拉加·简（Emilio Azcárraga Jean）从电视台角度也高度肯定了政府的做法："这意味着我们必须在很短的时间内完成数千小时的教学内容建设，特别是以后的三周内，完成所有基础内容的制作工作非常重要。这也是私营企业同政府能够携手应对挑战并实现共同目标的一个范例"，"公共和私人电视台之间关于 '课堂回归' 方面的合作协议在世界上是独一无二的"。

在前两期 "居家学习" 计划中，土著教育亦在重点考虑之中。在第一期 "居家学习" 计划开始一个月之后，10 个面向土著学生的课程项目首先由普埃布拉州的土著电台发起，继而通过土著人民研究所的 "土著回声" 网络电台和其他独立电台向全国开播。课程以纳瓦特尔语进行广播，每次时长 30 分钟左右，内容主要包括五方面：阅读与写作、健康知识、公民文化、环境知识、语言文化相关的实践活动；一些节目会邀请该领域的专业人士授课。广播覆盖全国 76 个城市，约有 150 万人受益，可想而知其中绝大多数为土著社区和家庭的成员。值得注意的是，最初课程设计并不带有系统性和针对性的教学目的，更多的是呈现出广泛性和娱乐性的科普教育性质，目的是让孩童在家长的带领下，通过共同学习、相互尊重的方式，在游戏、对话的环境中，培养良好

---

1　2020—2021 年 "居家学习" 计划并非按学期或学年分。试运行期（Aprende en Casa 0）和第一期（Aprende en Casa Ⅰ）分别从 2020 年 3 月 23 日—4 月 3 日和 4 月 20 日—6 月 5 日（相当于 2019—2020 学年下半学期）；第二期（Aprende en Casa Ⅱ）从 2020 年 8 月 24 日—12 月 18 日（相当于 2020—2021 学年上半学期）；第三期（Aprende en Casa Ⅲ）从 2021 年 1 月 11 日开始至年底，原计划覆盖 2021 年全年，但卫生部准许全国从 2021—2022 学年上半学期开始（2021 年 8 月 5 日）基本开放入校。因此，墨西哥政府决定保持 "居家学习" 计划的线上内容按计划播放，且与线下课堂授课内容和进度基本同步。

2　四家电视台分别为 Televisa（两个频道）、TV Azteca（两个频道）、Imagen Televisión 和 Multimedios。后期又有其他电视台加入计划，例如 Canal Once、el Canal 22、el Canal 14 和国家电视网络（la red de televisoras estatales）等。https://www.infobae.com/america/mexico/2020/08/04/aprende-en-casa-la-sep-pagara-450-millones-de-pesos-a-televisoras-como-televisa-y-tv-azteca/

的学习和生活习惯，鼓励认知技能发展，开展日常教育活动以及对当地语言和文化的欣赏。

普埃布拉州为墨西哥全国的土著人民远程教育事业拉开了序幕，墨西哥政府亦意识到该项工作的重要性和紧迫性。到第二期"居家学习"计划开始时，民西双语电视课程同时上马。为此，公共教育部已准备了 100 多种双语课程，暂时先以 24 种土著语言进行授课。在计划该学年免费发放的近 1.5 亿本教科书中，各语种书籍总计超过 400 万本，包括土著语言书籍近 30 万本，这些书籍均由其语言使用者参与编写。

如上所述，为了解决墨西哥国内数量众多的无法获取网络覆盖的人群上网难的问题，"居家学习"计划的课程主要以电视和广播播放为主，因此在教学水平安排、教学内容设置、播放时段协调等方面十分灵活 [1]。值得注意的是，在播放时段协调方面，虽然教学计划由国家统一发布，但同一教学内容会安排在不同电视频道的不同时段进行播放 [2]，使得不同水平的教学机构或学习者可以较自由灵活地安排学习，此举可以很好地同时照顾教学机构或学习者的硬件条件和时间安排，对土著学校和学生尤为便利。用公共教育部的土著教育教师培训和专业发展主管（director para la Formación y Desarrollo Profesional de Docentes de Educación Indígena de la SEP）耶希德·西耶拉·索雷尔（Yesid Sierra Soler）的话说，"联邦政府将以'前所未有'（como nunca se ha visto）的方式促进土著教育发展"，因为"我们知道，要想保护和加强语言的生命力，我们的工作不仅必须与使用这些语言的孩子紧密联系，而且还要使这些孩子能够在整个国家教育系统中被看见（hacerlas visibles）"。

同时，除了保障线上课堂教学资源建设以外，墨西哥卫生部特别为书店、文具店和出版商开启绿灯，通过鼓励这些社会机构和单位积极参与"居家学习"计划的方式，满足文具、出版和书店等复校复学商品和服务需求的公司和企业的基本运营，同时保障学生获取或购买各类学习必需品的渠道，形成"国家—经营者—学习者"三方支持的良性循环。此举也可视为是奥夫拉多尔总统倡导的"以所有形式进行教学"在社会层面的重要支持和保证。

第三期"居家学习"计划从 2021 年 1 月 11 日开始至年底，原计划覆盖 2021 年全年。虽然由于卫生部准许全国从 2021—2022 上半学期开始（2021

---

1　有报道表明，大量非在校学习者，甚至一些老年人也跟随"居家学习"计划的电视课程重新开始学习。

2　"居家学习"计划的每日课堂安排可参考各大电视台发布的播放安排。

年 8 月 5 日）基本放开学生入校，但墨西哥政府仍保持"居家学习"计划的线上内容按计划播放，且与线下课堂授课内容和进度基本同步，由此可见墨西哥政府未来继续发展远程教育的雄心壮志。

墨西哥"居家学习"计划的课程形式与世界其他地方应对疫情的网课形式最大的不同就在于：

第一，电视主导的全媒体覆盖。对比其他国家的学校将课堂直接搬到学习者家庭，由教师或以直播或以录播方式的授课形式进行，墨西哥政府选择由国家根据各级教学目标和计划，以电视、广播和网络为载体，由全媒体机构统一制作并向全国播放教学内容，向学生进行远程授课。我们都知道，进行网络直播或录播的先决条件是具备稳定易用的网络覆盖服务和数字信号接收设备，然而对于墨西哥国内广大无法获得网络服务的人群来说，存在很大挑战，甚至会导致常规课堂变得不可能。另一方面，墨西哥在以"远程中学"为代表的电视教育系统方面，经验丰富，驾轻就熟。因此，墨西哥的"以电视为基础的全媒体"模式优势在于，直面并最大限度地弥补了国内教学环境和硬件的不足，使得教育机构和学习者（特别是土著学校和学生）能够利用身边便捷可用的教学媒体获取教学资源。即使按照最坏的打算，除去电视、网络和其他电子媒体以外，免费发放的教材也为全民教育守住一条底线。

第二，多种语言同步播放。从"居家学习"计划普埃布拉州首先尝试以纳瓦特尔语开始土著语言广播，到计划第二期 24 种土著语言同步播出，再到 2022 年 31 种播放语言，墨西哥将电视平台和远程教育的优势充分结合，一步一步推进多语言同步的远程教学，将土著语言教育提高到新的水平，使得土著学生通过自己的母语能够接收到更便捷、更高质、全国同步的教育。

第三，多时段多频道播出安排。在其他国家的线上课程多以任课教师与班级学生为教学互动单位，那么课程安排必须严格按照时间表进行。然而对于墨西哥土著学生来说，他们的失学率、辍学率和缺勤率远高于非土著学生水平，其中一个很重要的原因是土著家庭普遍偏低的经济状况迫使土著孩子过早地参与劳作以支持家庭经济收入，因此固定地点和时间的传统课堂模式难以得到满足。由于"居家学习"计划以电视台的播放安排进行，且电视台之间相互协调播出时间，一个教学节目可在不同电视台的不同时段播出，因此对于土著学生来说尤为便利，至少在一定程度上缓解了压力。

根据 2022 年 2 月墨西哥政府官方发布的"居家学习"远程教育计划总体评估报告，在计划运行的两年时间里：

- 从 2020 年 3 月至 2022 年 2 月，总收视超过 6 800 万人次；
- 共计制作 10 175 个视听教学资源[1]；
- 为了保证农村和土著地区的覆盖面，制作和改编广播节目 3 393 个；
- 教学内容被译成 31 种土著语言。

通过对"居家学习"计划的简要介绍和两年运行的评价，我们可以看出，墨西哥政府正在将教育领域应对这次疫情危机的成功经验转变为一次未来针对整个教育系统改革的良机，特别是在"教育平等"议题上可谓经验颇丰：

- "居家学习"计划在"疫情爆发—离校居家—重返校园"三阶段过渡时期，最大限度地保障了墨西哥全国教育工作的延续性；
- 计划中授课模式的一致性，保证了各级学习者享有同等的教育机会；
- "居家学习"计划将会是墨西哥教育的分水岭，它代表未来墨西哥的远程教育将会有巨大提升，墨西哥有理由期待可以到达与线下课堂同步，甚至双线或多线混合式教学的水平；
- 通过与全社会，特别是对媒体力量的创新性整合，墨西哥远程教育将适应各种平台系统，并且将拥有一个巨大的电视、广播、数字以及实体教育资源库，可供学生、教师和家庭使用[2]。

"居家学习"计划展示了在应对新冠疫情对正常学校教育造成困难时，墨西哥政府和人民所展现的决心和智慧。从各个角度观察，墨西哥的"居家学习"计划是一次非常成功的全社会参与的教育尝试，并且至今该计划仍在持续。其中的经验对土著人民的教育事业有着极大的推进作用。因此，奥夫拉多尔总统有理由骄傲地宣称："世界上其他任何国家都没有尝试过（'居家学习'计划）系统，我们是这个领域的先驱（Somos pioneros en este sistema）。"

---

1　主要由 Canal Once 电视台、墨西哥广播研究所（IMER）和墨西哥教育电视系统根据总体教学计划和疫情期间教学计划协同制作。
2　对"居家学习"计划的不足之处，在墨西哥国内也有许多研究，但是研究结果反映的问题除了远程教育经验上的不足（如"对教师的培训不足"）以外，大多问题应当视为事物的"一体两面"（如"由于照顾全国学生因此有些节目水平过于简单""居家学习者的学习情况难以掌握"等），因此不应将其直接划定为计划本身的缺陷。

### 8.2.2　语言文化生态保护：政府与联合国教科文组织的努力

新冠病毒的肆虐必然加速语言文化生态环境的恶化，最显而易见的原因是，土著群体在传统生活方式中的具象元素是文化保存、延续和发展的根本动力。例如，在土著社区普遍定期组织的大型传统聚会，和诸如纪念丰收、成年仪式等当地重要的节日庆典或祝圣活动等特殊活动。这些长久以来存在于日常生活中的传统文化表现形式，成为土著社区及其人民身份认同的现实载体，体现墨西哥的民族丰富性和文化多样性。因为疫情原因，这些传统活动必须暂时停止，以防止病毒传播；不仅如此，长期的隔离也导致人群的心理状态和生活方式改变，进而引起社区群体生活方式的改变。

就具体土著语言使用者状况而言，首先，妇女是土著社区的主要人群，而且妇女在土著家庭中通常履行着照顾家庭和通过各种经济活动获得收入的基本职能。疫情使她们更加脆弱，而且社会家庭的不确定性增加使她们还不得不面临越来越多的暴力和骚扰可能性，包括家庭暴力。其次，对于徘徊在"濒危"水平的土著语言，其为数不多的使用者由于医疗条件和老龄化这两大原因，处于最易致病致死的人群范围内。

因此，针对土著语言文化生态环境所面临的威胁，墨西哥政府在联合国教科文组织墨西哥办事处等国际组织的大力协助下，主动寻求应对之道，支持采取有针对性的行动来应对土著语言文化保护领域的危机及特殊需求：

●联合国教科文组织墨西哥办事处开展特别行动，每周更新《世界遗产名录》和《联合国教科文组织非物质文化遗产名录》中墨西哥遗址和文化表现形式所属地区的新冠发病率，给予相关地区医疗关注。

●联合国教科文组织墨西哥办事处还在"新冠疫情的应对和恢复的框架"内采取一系列应对行动，特别关注"社会凝聚力和社区复原力"在社会经济方面应对疫情的作用，尤其重视青年、女性和土著人民的状况。

●另外，联合国教科文组织与联合国妇女署驻墨西哥办事处合作，向政府单位、企业及其他机构发布了一份关于疫情背景下土著妇女生活状况的情况报告，旨在减少土著妇女在家庭照顾和经济活动中受到的影响，并防止暴力和骚扰。

同时，主动与土著社区和民间组织联络沟通，倾听他们的声音，从他们的角度看待和理解对此次新冠疫情的认识：

● 在许多土著民族的世界观里，人类与周围的一切自然环境融为一体，与地球母亲融为一体。一旦人类只顾自身利益，没有尽心照顾自然，没有尊重地球母亲，那么人类行为的恶果最终伤及的必然是人类本身。而当前的新冠疾病正是地球对人类的忽视做出的反应，由此提醒我们必须互相照顾。例如，瓦哈卡地区的土著人民认为，新冠这种未知病毒正是源于我们自己作为人类的傲慢与对大自然的漠视。

● 土著人民与其生活环境有关的传统知识是保护和可持续利用地球生态系统和生物多样性的重要工具。因此，除了需要从外部世界获得关照以外，土著人民自身也拥有可造福外部世界的、巨大的传统知识宝库，这些知识基于他们的独特世界观和传统习俗，其中也包括他们自己的健康卫生系统。因此，墨西哥尝试通过土著社区和民间组织，向土著人民了解传统医学，寻找突破口。例如，联合国教科文组织墨西哥办事处从米斯特克地区的土著人民那里，获得了他们多年来通过传统医学与各种疾病作斗争的见解和经验。

● 最重要的经验是，要保持土著人民与世界的联系，促成双方的参与和互动；同时，将土著人民的愿景和需求纳入应对新冠疫情的总体方案和救助工作。联合国教科文组织墨西哥办事处积极参与了联合国教科文组织"新冠疫情时期的包容性"网络研讨会中有关"如何将土著人民纳入新冠疫情应对措施"的议题，并广泛地交流了经验。

### 8.2.3　国家土著语言博览会

2017 年，为纪念和配合联合国"世界土著人民国际日"[1]（International Day of the Indigenous People），墨西哥政府特别设立了"国家土著语言博览会"（Feria de las Lenguas Indígenas Nacionales，FLIN）。博览会由墨西哥文化部国家土著语言研究所负责组织举办，其基本定位为"帮助土著社区与全社会机构组织之间建立沟通融合的空间，使土著语言使用者和公众能够全方位接触和体验那些以土著语言创作、创新和表现为源泉的文化产品和服务的生产、销售和消费，同时有助于构建墨西哥人的民族想象和自豪感"。博览会以学术、艺术和文化活动为主要形式，希望使墨西哥社会更多地了解土著民族及

---

1　1993 年 12 月 21 日，第 48 届联合国大会决定将每年的 8 月 9 日定为"世界土著人民国际日"，以便加强国际合作，帮助全世界土著人民解决在环境保护、经济发展、教育医疗等方面所面临的问题。

其语言和文化。随着博览会规模和影响力逐渐扩大，它也发展为一个全方位展示和交流土著民族语言文化创造力的多元文化盛会。今天，墨西哥国家土著语言博览会早已不只是为了扭转对土著语言当前状况的认识，更成为全世界土著语言文化在国际沟通、传播和互动领域中最切近、最成功的活动之一，得到了国际社会积极广泛的认可、支持和参与。

首届"国家土著语言博览会"于 2017 年 8 月 11—13 日在首都墨西哥城国家艺术中心 [1]（Centro Nacional de las Artes，CENART）举行，以玛雅语为主要推广语言。第一届博览会以"多语言的墨西哥，由北向南"（México Multilingüe，De Norte a Sur）为主题口号，由包括国家土著语言研究所在内的40 多个政府、土著社区和独立机构协同参与；整个项目设置了包括艺术、文化、学术、出版活动，以及各类对话、讲习班、展览、土著语言服务信息平台在内的超过 50 个相关活动。除此之外，多种周边文艺活动为博览会助兴，例如土著诗人诗歌朗诵会、原住民电影展播、土著语言流行音乐会、说唱比赛等丰富多彩的节目。另外，博览会还特别设立一个数字展厅，公众得以在其中找到与本国语言相关的各种数字应用程序。

第二届博览会于 2018 年 8 月 9—12 日举行，仍在墨西哥城国家艺术中心举行，本次以瓦哈卡州境内的土著语言为主要推广语言。本届博览会以"多语言的墨西哥，思想的大熔炉"（México multilingüe，crisol de pensamientos）为口号，由国家土著语言研究所负责协调，联邦和各州政府、土著社区、私人机构等近 40 个组织参与此次博览会，开展活动超过 85 项。第二届博览会的目标是通过多语言商品、产品和服务，将土著语言使用者的创造潜力推广到更广阔的世界。本届博览会的活动内容主要分为四个主题：文字的艺术（音乐、诗歌、舞蹈等）；文字与思想（讲座、对话、主题讨论等）；发展中的语言［展示为土著语言开发的产品、应用程序、电子游戏等文化表现形式，还包括米斯特克抄本 [2]（Mixtec Codices）研究］；多语言与社会（专为"制度化"后的土著语言制作的服务信息模块，以及工艺品和传统美食销

---

1 国家艺术中心为历届"国家土著语言博览会"的主会场或常设会场。
2 米斯特克抄本起源于中美洲历史上后古典时期的图形书写系统，主要发现于瓦哈卡州。在前哥伦布时期，米斯特克抄本的主要内容多为家谱、历史事件和神话的记录等。16 世纪欧洲人的到来引起了米斯特克抄本在形式、风格和功能的变化。今天，这些抄本和其他米斯特克语著作被学者用作民族志、语言和历史信息研究的重要来源，同时有助于米斯特克人在移民和全球化引入新的文化影响时保持文化身份和认同。

售区域，另外还包括特别设立一个专门介绍瓦哈卡州土著语言的展馆）。

第三届博览会于 2019 年 8 月 9—11 日举行，口号为"一种语言也不能少"（Ni una lengua menos）。本届博览会在各方面的规模上都有了巨大提升：除主会场国家艺术中心外，还特别增设了洛斯皮诺斯文化中心[1]（Complejo Cultural Los Pinos）、国家艺术博物馆（Museo Nacional de Arte，MUNAL）、国家电影博物馆（Cineteca Nacional）等分会场。来自下加利福尼亚、奇瓦瓦、杜兰戈、锡那罗亚、索诺拉等 14 个州的 30 种土著语言来到现场，此外，博览会也第一次迎来国际客人，特邀嘉宾国加拿大带来了本国的 5 种土著语言。活动得到了联合国教科文组织墨西哥办事处、加拿大驻墨西哥大使馆、加拿大多所大学和机构的鼎力支持，共开展活动 167 项，参与人数达到 14 000 人。值得一提的是，本届博览会除音乐戏剧舞蹈、诗歌朗诵、对话讲座、多语言产品介绍、流行艺术、传统美食等常设活动外，还特别针对如何发挥土著电影作品对土著语言文化保护、发展和推广的巨大作用进行了专题探讨和研究。

第四届博览会不仅保持与联合国"世界土著人民国际日"同步举行，又恰逢早前联合国"国际土著语言十年（2022—2032）"计划宣布和《洛斯皮诺斯宣言》在墨西哥颁布两大重要事件。由于疫情原因，本届博览会作为"远程陪伴"计划的重要部分改为线上举办。因为上述原因，使得本届国家土著语言博览会颇具特殊意义和色彩[2]。活动在尊重卫生当局建议的健康应急措施的前提下，仍最大限度地保持活动基本内容，构建土著民族文化商品、产品和服务的展示空间。新冠疫情封闭了现实空间，却反而给本届博览会一次充分尝试和呈现数字科技潜力的绝佳机遇：超长的活动时间从 2020 年 8 月 9 日一直延伸到 11 月 25 日；活动以 38 种国内和国际土著语言进行介绍；11 个国家[3]的发言者受邀参与活动；超过 170 万人通过在国家土著人民研究所的 Facebook、Twitter 和 YouTube 主页参与 106 项学术、艺术和文化活动中，且所有线上项目都可回看；大众通过网络接触到更多的数字科技商品、产品和服务。本次博览会通过文化部的"远程陪伴"等数字平台展现，受到的各方

---

1　《洛斯皮诺斯宣言》在此颁布。

2　本届博览会未提出主题口号。

3　阿根廷、玻利维亚、加拿大、哥伦比亚、智利、厄瓜多尔、西班牙、危地马拉、新西兰、秘鲁和委内瑞拉。

面限制大为减少，内容得到大大丰富和提升。例如，国家土著语言研究所向民众呈现了丰富多彩、生动有趣的土著语言资源：土著诗人的文学创作和聆听土著智者的故事叙述等；一系列有趣的土著语言教学短片和交互式"区域—语言"地图；多种土著语言的书籍、单词记忆游戏和查询表；用生动的土著语言原声讲述的本族故事；各种各样呈现墨西哥语言文化多样性的小游戏等。

除上述展示土著语言资源及其呈现方式以外，本届博览会还首次设定了重点主题研讨，并成为博览会固定内容。本届主题之一着眼于寻求更年轻更时尚的呈现载体——"漫画、卡通和图画小说"，目的在于让更多的儿童和青少年接触和理解土著语言文化。通过开发土著语言的漫画世界，促进土著故事讲述者的创造力提升，从而为鼓励和加强社区文化生产提供新动力[1]。博览会闭幕时还启动了首届土著语言漫画比赛，该比赛也作为文化部促进民西双语阅读计划的一部分。通过这些传统和创新方式，本次博览会是在土著民族语言文化保护和推广领域的重大突破，践行了《洛斯皮诺斯宣言》所强调的土著语言得以存续的三项"先决条件"中的两项，即"保障土著人民言论自由和使用母语参与公共生活的权利"。

而在探索存续土著语言的第三项"先决条件"，即"保障土著人民以母语为媒介接受教育的权利"时，墨西哥表现得非常大胆，重点探讨将科学技术主题资源翻译成土著语言的重要性和可行性[2]，并尝试推向更高更新的维度。

作为 2020 年国家土著语言博览会的重要部分，由国家土著语言研究所和墨西哥物理学会（La Sociedad Mexicana de Física）合作的"用土著语言传播科学"（Divulgación de la Ciencia en Lenguas Indígenas）项目举行线上会议。专家一致认为，将科学技术主题资源翻译成土著语言，可以帮助土著社区的儿童和年轻人通过母语获取和传播科学知识，同时，将科学技术主题资源翻译成土著语言也可以反向促进和加强土著民族语言：

第一，在以往墨西哥学校教育领域的历史上，用土著语言教授的课程几乎只用于土著学校的初等教育阶段，且教学内容绝大多数仅限于艺术文化语

---

1　下文中提到的《土著和非洲裔儿童的权利》和《不可翻译的词语》即是在新冠疫情中诞生的图文书籍，也是此类书籍的优秀代表。

2　例如，在墨西哥科学院的"用土著语言传播科学"页面，已有用土著语言翻译的科学技术内容可供阅览和下载：https://site.inali.gob.mx/SMF/index.html

言类课程，涉及科技领域的课程几乎没有。将科学技术主题资源翻译成土著语言将大大拓展土著国民以母语获取科学知识的渠道和水平。

第二，经过翻译的文本与原西班牙语文本具有相同效力，不仅保障了土著人民以母语为媒介接受教育的权利，同时体现了《基本法》第四条[1]的精神，保障土著语言和语言使用者不受任何歧视的权利。

第三，鉴于土著人民和土著语言使用者拥有不同的宇宙观和世界观，在翻译过程中可以与他们一起交流探索如何用土著语言传播科学知识；解决翻译土著语言时难以处理的科学术语和概念等问题的过程，可以同时丰富西班牙语和土著民族语言的表达范围和翻译经验。

第四，科学技术知识的学习过程，特别对于土著儿童和青年来说，既可以开阔视野、丰富知识，同时亦在此过程中加强自己的母语。

第五，将科学技术主题资源翻译成土著语言势必加快和加强土著语言的标准化和制度化进程，也在语言学程度上促进了土著民族语言的保存、保护和发展。到目前为止，这项工作已有经过 25 种土著语言翻译的资源。

第五届博览会于 2021 年 8 月 9 日开幕，一直持续到 9 月 30 日，口号是"瞭望无限"（Mirar el infinito），并特邀来自北非的摩洛哥王国作为主宾国参加。有了往届经验，特别是上届在线上举办的成功，本届博览会采用线上线下混合形式。本届博览会开幕式在墨西哥南部多民族聚居区瓦哈卡州的克伊科斯特拉瓦卡市（Coixtlahuaca）恩吉巴 / 恩吉瓜（Ngiba/Ngigua）语言区举行，该地区正与 19 个自治区域和农业当局以及"国家翱翔与扎根计划"[2]（el Programa Nacional Alas y Raíces）合作开展社区语言规划的创新。这是博览会开幕式首次离开首都墨西哥城，移师土著语言区举行。墨西哥城的会场活动仍主要在国家艺术中心和洛斯皮诺斯文化中心进行。线上活动持续到 11 月 12 日，通过国家土著语言研究所的官方 Facebook、Twitter 和 YouTube 的社交网络进行播放，来自 84 个国家和地区的 130 万名参与者参加。本届博览会由政府的 66 个公共机构、学校、私人团体和国际组织协作举行，开展了超过 80 项学术、文化和艺术活动，其中近 65 项是线上活动，27 种来自本国和 5 种[3]来自其他国家和地区的土著语言在活动中得到展示。秉承联合国"国际土著

---

1 见附录 1。
2 该计划于 1995 年提出，旨在为儿童和青少年提供艺术培养空间。
3 这 5 种语言包括毛利语（大洋洲）、英语、伯利兹半岛的玛雅语、圭亚那语和瓦劳语（委内瑞拉）。

语言十年（2022—2032）"计划精神，以"无我参与即与我无关"（Nothing for us without us）思想为中心，本届博览会的主题是"社区语言规划"和"土著语言与纺织品的紧密联系"，而这两个主题又都与土著女性的参与和贡献息息相关。

作为"'国际土著语言十年（2022—2032）'计划框架内实现与国家行动计划（Plan de Acción Nacional）的战略融合"的重要组成部分，"社区语言规划"主题旨在展示土著社区语言规划道路，并介绍了在此进程中各种机构、团体、社区组织和语言学校开展的优秀的机构实践和语言活动案例。其间还讨论了土著女性在土著口头语言和文字写作方面的巨大贡献，以此彰显妇女在土著社区的文化生活和社会活动中的宝贵经验和重要意义。

博览会的另一主题也与女性息息相关——"土著语言与土著纺织品的紧密联系"。一场名为"书写的皮肤；土著织物的纹饰"（La piel de la escritura；la trama en los textiles indígenas）的展览呈现了来自墨西哥国内不同土著民族传统纹饰在设计和应用上的创新与开发，以此致敬这些纹饰的创作者——主要为土著女性——在保护土著民族语言文化方面的巨大贡献。土著纺织品中的纹饰设计可以看作各个土著民族用以保持传统知识的特殊"书写"形式之一，它们不单是装饰图案，也是充满象征意义的图像和符号信息，并且通过出现在土著生活的各个载体（如纺织物、装饰物、各类用具等）上被使用和被看见，同时这些纹饰也在与当代艺术持续对话。特别是在服装和装饰上，人们穿着和看见这些纹饰，由此它们得以成为土著文化的"皮肤"，这些视觉符号也成为文化交流的理想载体。

"书写的皮肤；土著织物的纹饰"展览现场

　　第六届博览会于 2022 年 5 月 20—22 日举行，延续了上届博览会将主会场设置在非首都城市的先例，由南部民族聚居区北上至墨西哥 - 美国边境重镇下加利福尼亚州的蒂华纳市，并且也是首次完全在非首都城市举行。博览会以"北境：希望的大地"[1]（Mathpiyi：Geografía de la Esperanza）为主题口号，目的是加强对北部土著民族的了解、交流和互动。和南部地区的多民族、多语言、多文化状况类似，北部地区也孕育着众多的土著民族及其语言文化，使整个地区成为另一个丰富而复杂的语言融合舞台。本届博览会由 40 个各类组织机构协同合作举办，共开展各类相关活动 53 项，28 种语言通过各种活动得以向世人展示，美国的亚利桑那州和加利福尼亚州也参与本次盛会。本次活动仍采用线上线下双线同时进行的方式，线上活动持续到 5 月 27 日。文化部、联合国教科文组织墨西哥办事处、蒂华纳市一同宣布蒂华纳为"多语言城市"。

　　本届博览会选在蒂华纳市举办，有其深刻的考虑和意义。北部地区的土著人民一直在努力保持自身民族文化身份，他们的母语便成为土著社会凝聚力和抵抗力的重要力量源泉。因此，本届博览会的主要研究议题之一是讨论墨美边境两侧的土著人民所面临的语言挑战，以及该区域土著语言未来的保护和发展之道。在此背景下，为了提高北部地区语言世界的完整性和生存力，墨西哥政府强调将促成下放更多权力，促进三级政府与土著人民自治政府之间的多机构协同行动，在平等的条件下将土著语言使用者置于与其相关的事务和决策中心，建设土著社区语言规划新模式，从而给予土著民族更多的自治和自决权利。

　　另外，与往届在研究主题上有很大不同，本届博览会着眼于反思新冠疫情期间所暴露的土著民族语言保护和发展的问题，以及后疫情时期未来应当特别注意的新聚焦点。例如，某些土著部落的年轻人已经习惯于使用手机和电脑，通过这些工具帮助他们拉近与其他文化的距离，促进社会群体之间的融合；也有教师指出，目前由多个年级同时学习一门土著教育课程的教学方法会降低教育质量和学生留存率；同时，还研讨了新冠疫情对土著学生的影响及其后果，特别是在某些社区没有互联网信号，学生无法使用电脑、手机或平板电脑情况下的学习状况。

---

1　"Mathpiyi"是墨西哥北部下加利福尼亚地区的库米亚伊族（Kumiay）语言中"北境"的意思。

本届博览会其他重要议题包括：民西双语口译员、笔译员和调解员的考核方式、教育培训和专业认证工作也是保障语言权利的重要措施；强调针对女译员的预算保障，以保障土著人民在司法、保健、教育等公共方案和政策的获取、参与的发声渠道，和必要时诉诸法律的有效渠道；特别为墨西哥土著移民和处于弱势的土著人士建立免费的法律援助机构；开启第二届土著语言漫画比赛等。

### 8.2.4 土著语言社区的自救新路

2021 年 8 月 9 日开幕的第五届"国家土著语言博览会"第一次走出首都墨西哥城，移师土著语言区，而此次里程碑事件并未选择在较大的土著民族语言（如纳瓦特尔语、玛雅语等）地区，却选择了南部多民族聚居区瓦哈卡州偏僻的恩吉巴 / 恩吉瓜[1] 语言区举行。这样的决定并不令人惊奇，因为就在五个月之前的 2021 年 3 月 31 日，恩吉巴 / 恩吉瓜语言区开启了名为"2022—2032 十年社区语言规划"的区域试点进程。本次行动也得到了墨西哥中央政府和当地政府的大力支持，由文化部通过国家土著语言研究所（INALI）负责组织协调。与以往的最大不同是，本次活动不是由政府"自上而下"的降临式发起的，相反是由土著语言使用者主动提出、组织并加以实施。因此，国家土著语言研究所前所长胡安·雷西诺高度评价了本次活动，称恩吉巴 / 恩吉瓜人民正在其民族概念的驱使下一起努力恢复其语言和文化，并称本次会议"具有历史意义"，是"其他土著人民的榜样"，"这是一个伟大梦想的开始"，而国家土著语言研究所将在此过程中与恩吉巴 / 恩吉瓜人民一道，并给予支持和建议。

同年 3 月，在普埃布拉州，只有不到 9 000 名立马阿尔阿马 / 立马西皮语[2]（Lhima 'alh'ama' / Lhimasipij）使用者特佩瓦人（Tepehua），也开始为其面临消失风险的母语进行保护，制定保证其保存所必需的写作标准。在国家土著语言研究所的专业帮助下，土著语言使用者、当地作家、教师、社区当局和翻译人员一起就如何书写他们的语言并建立拼写和语法规则进行了多次研讨。首要工作是在群体和社区内部就其语言书写的标准和规范协商一致，

---

1 恩吉巴语 / 恩吉瓜语（Ngiba/Ngigua）是面临消失危险的 31 种土著语言之一。
2 两种语言在数世纪之前都属于特佩瓦语，随着时间的推移，特佩瓦语形成了多样化分支。

因为统一的字母表和规则有利于巩固语言及其变体的书面应用，同时有助于语言在公共和私人空间使用和推广。

## 8.3　新冠危机激发新机遇

通过前文所述，我们已经看到在新冠疫情肆虐期间，墨西哥在其现有国情国力的现状之下，全盘考虑、综合分析、合理分配、多向出击，尽可能地将土著人民的愿景和需求纳入应对新冠疫情的总体工作中，在疫情期间的土著民族语言文化保护方面取得了举世瞩目的成就。与此同时，基于这些针对防疫而临时建立的、与土著社区和人民联系沟通的通道，如今也被延续、发展和利用到更多更新的领域，危机过后的土著民族语言保护迎来全新的机遇。

### 8.3.1　媒体通道的新尝试

各种社会组织以及土著社区服务的负责机构，如国家土著人民研究所、国家土著语言研究所、土著人民和邻里及居民土著社区部（La Secretaría de Pueblos y Barrios Originarios y Comunidades Indígenas Residentes，SEPI），以及各种土著信息网络，在联合国教科文组织墨西哥办事处的帮助下，编制和传播以土著语言编写的新闻信息。这些信息通过国家土著人民研究所的土著文化广播系统以不同语言向大众播放。这些行动得到了联合国粮食及农业组织[1]（Food and Agriculture Organization of the United Nations，FAO）、联合国儿童基金会、联合国妇女署墨西哥办事处，以及墨西哥国家预防歧视委员会（El Consejo Nacional para Prevenir la Discriminación）、卫生部的支持和参与。

其中，将媒体网络通道全面整合并发挥服务功能的最好范式莫过于 2020 年墨西哥文化部联合国家艺术与文学研究所（Instituto Nacional de Bellas Artes y Literatura）推出的全国性文化艺术数字项目"远程陪伴"[2]（Contigo en la Distancia）。

文化部于 2020 年 3 月 25 日和 4 月 4 日分别发布第 390 号和第 410 号公

---

1　联合国粮食及农业组织简称"粮农组织"，于 1945 年 10 月 16 日正式成立，是联合国系统内最早的常设专门机构。

2　项目内容可访问：https://contigoenladistancia.cultura.gob.mx

告，为了减轻新冠疫情给墨西哥文化艺术领域带来的伤害，同时鼓励艺术创
作，保证全社会能够在疫情期间获得高质量的文化艺术内容，文化部通过其
下属机构开展"远程陪伴"数字项目，"为墨西哥人民提供多样化的文化艺
术展示空间，包括语音档案、访谈、摄影展览、视频、书籍、旅游和其他资
源，目的是让人们在家中也可以行使其享受文化艺术的权利，免费参与和访
问各种文化艺术活动，包括各种艺术、历史和土著语言领域的音频、视频、
互动活动"。文化部下属的国家艺术与文学研究所、国家人类学和历史研究
所（Instituto Nacional de Antropología e Historia，INAH）等机构立即响应，并
为"远程陪伴"数字项目提供丰富的相关内容支持。整个"远程陪伴"数字
项目的内容制作除了来自墨西哥政府、各学术研究机构、大型文化艺术团体
等机构的全力支持以外，艺术家、社区和大众也被邀请参与创作原创内容，
并且可以取得相关机构的资料查阅和其他协助。作品一旦被选中，还可获得 2
万比索的资金支持。"远程陪伴"数字项目是墨西哥政府组织的、非常成功
的全民文化艺术推广活动，其内容囊括了几乎所有文化艺术门类、交互方式、
展示平台、媒体参与等。虽然存在"制作仓促""内容质量参差不齐""渠
道入口过多"等批评声，但是仍必须肯定"远程陪伴"数字项目的巨大影响，
其"全政府、全社会组织、全国民、全通道、全网络"的参与度几乎达到了
当前数字艺术活动的最大范围。

　　"远程陪伴"数字项目为土著民族语言文化展示和推广提供了更新、更
广阔的平台，而普通墨西哥民众也能更方便、更轻松地接触那些近在身边却
又貌似远在天边的土著民族及其语言的风貌。例如，国家土著语言研究所在
专题网页准备了极为丰富的、关于土著民族语言的全方位信息；国家人类学
和历史研究所分享了各种有声读物、音频、纪录片、视频档案等，题材涵盖
考古发现、地理人类学、神话传说、历史文化等；土著和城市流行文化总局
（Direccion General de Culturas Populares Indigenas y Urbanas，DGCPIU）提供
数字版的小册子《诗歌分类》（*Cartografía Poética*），该书于 2019 年国际土
著语言年之际出版，由多种民西双语写成的诗歌集成，旨在传播墨西哥的土
著语言、传统知识和当代文化[1]。凭借"远程陪伴"数字项目平台，土著民族
语言文化的推广力度、广度和深度也达到了前所未有的水准。另外，"远程陪

---

1　详细内容可参考：https://culturaspopulareseindigenas.gob.mx/#cartografía-poética

伴"数字项目的所有平台都包含和融合了大量的土著语言文化内容和元素，并且以更加通俗化、直观化、娱乐化的方式呈现于普通民众面前，因此大众在浏览相关文化内容（通常是他们会主动选择感兴趣的内容）时，很容易辨识出这些并不陌生的土著元素，并且在不经意中接触和体验到土著民族语言文化之美。与其他文化表现形式融合与混搭的新颖方式，既能自然通俗地展现土著民族风貌，同时又可多触点借力于其他文化表现形式，因此比起以往或严肃的学院式、或单一的专题式传统呈现形式，更有利于在大众中的接受、传播和欣赏。

在人文科学领域之外，土著语言在自然科学领域亦有了新的用武之地。在"远程陪伴"项目期间举行的"全国土著语言博览会"上，笔译和口译专家举行了以"用土著语言传播科学"为题的会议，计划用土著语言翻译自然科学内容，开辟土著社区儿童和年轻人获取和传播科学的渠道。这项计划由土著人民研究所和墨西哥物理学会（Sociedad Mexicana de Física）合作进行，到目前为止已完成了 25 种语言的翻译工作。

这些工作最大的难点同时也是最大的乐趣在于不同语言及其背后所展现的宇宙观、世界观的碰撞，特别是翻译和处理那些土著族群难以理解的各种科学术语和概念问题，如原子、星系、宇宙、分子和电磁辐射等。一则鉴于墨西哥国内仍有很大一部分人口不会使用西班牙语，二则因为土著人民通常对宇宙万物展现出其独有的认知和理解，因此国家土著语言研究所和墨西哥物理学会的专家、译员、土著语言使用者必须一道探索如何用土著语言传播科学知识，并且通过这种方式保护、促进和发展土著语言。反过来，对于土著语言使用者来说，与不同语言使用者一起工作，分享翻译经验，也使他们能够进一步加深其对母语的理解和应用，这项工作未来对于土著儿童和青年来说非常重要。

## 8.3.2　应运而生的创意出版物

墨西哥政府在国际和土著民间组织的合作中，还开展了以文化创意为导向，大力保护和促进语言遗产发展的各种创意出版物行动。其中两种由墨西哥政府、联合国儿童基金会和第三方民间机构合作开发的免费出版物可称为该领域成就的最佳范本。

《土著和非洲裔儿童的权利》[1]：属于儿童的最大财富就是他们的权利

2020 年 4 月，墨西哥政府、土著人民研究所、联合国教科文组织合作，以西班牙语和齐南特克语[2]（Chinantec）编写和出版了《土著和非洲裔儿童的权利》（*Derechos de las Niñas y los Niños de los Pueblos Indígenas y Afromexicanos*）。这本双语出版物通过充满童真的质朴语言和精美的插图，向土著儿童讲解他们的基本权利和在突发卫生事件等特殊状况中其所享有的特殊权利。全书可在墨西哥政府网站免费下载。

全书包含 24 章，分别为：①人权；②清洁饮水权；③卫生；④接种疫苗；⑤健康权；⑥营养；⑦膳食平衡；⑧受教育权；⑨民西双语教育；⑩文化身份权；⑪尊重环境；⑫尊重父母、文化和语言的权利；⑬要包容，不要歧视；⑭校园；⑮识字；⑯体育和休闲活动；⑰姓名权；⑱文化遗产；⑲被保护的权利；⑳其他权利；㉑文化生活；㉒更好地理解你的权利；㉓文化；㉔你的权利之旅有趣吗？[3]

本书的目标受众是广大土著及非洲裔儿童，因此本书的行文风格生动活泼，充满童趣。每章内容简练通俗，一般为 100 ~ 200 个西班牙语单词，这些精练的文字高度概括了各项权利的主要内容和精神，同时最大限度地保持了可读性和趣味性。其中前 17 章分别介绍儿童享有的各项具体权利，如基本人权、健康权、受教育权等。每章设定一位小朋友作为讲述者，用天真质朴的口吻娓娓道来。以第 1 章 "人权" 为例，其内容如下：

> 我是何塞，请让我来给你讲讲，你所拥有的财富。这些财富没有人可以改变或触碰，甚至你也不能：属于儿童的最大财富就是他们的权利。
>
> 权利在某种程度上可以被称为 "礼物"，因为它们是属于你的，没有人可以把它们从你身边夺走；尽管也没有人将它们放到你的手中，但从出生的那一刻你便拥有了它们。
>
> 每个人都有这些权利，它们被统称为：人权！

---

1　全书可见：https://www.gob.mx/inpi/articulos/derechos-de-las-ninas-y-los-ninos-indigenas-y-afromexicanos-espanol-chinanteco-de-usila-oaxaca-descargalo-aqui

2　齐南特克语主要分布于墨西哥南部瓦哈卡州西北，使用人口约 10 万，在墨西哥土著族群人口中排名第 14。

3　这一章主要内容为全书总结和未来展望。

　　例如，作为千年文化继承人的土著人民，既不比其他人好，也不比其他人差。

　　他们是自由的，与其他人平等，不应以任何理由受到歧视。权利的一项基本内容就是尊重他人所拥有的权利。

　　我们都有自由去决定我们或我们的社区的最佳选择，而不需要外面的人向我们强加不同的规则、想法或习俗。

从第 18 章"文化遗产"开始，每章都转变为专业人士的语气，用一种更加认真慎重的口吻向小朋友们讲述了解、行使和保护自身权利的重要性。以第 24 章"你的权利之旅有趣吗？"为例：

　　小朋友，你觉得这一次权利之旅有趣吗？但是你相信吗？你才是推动这些权利的基础啊，你们和其他所有儿童都能够让这些权利得到了解和尊重。小朋友们可以向亲朋好友传递这些人权信息。只要人们知道自己的权利，理解它们的存在，他们就能够要求这些权利得到尊重，但同时他们也必须尊重他人的权利。我们必须指出，人权和儿童的权利在任何情况下都不应该受到侵犯。

　　媒体有义务多多提供那些能够帮助、吸引或影响儿童、青年和成人的话题内容：文化、健康、教育、保护和娱乐等，诸如此类。你知道吗？这件事情可是相当紧要的。小朋友们有权利通过任何他们可以用得上的方式获得信息。我们的土著文化电台在全墨西哥各地都有许多它们的广播站点。通过收音机，你可以和其他人交流，分享当地信息和传统习俗。在这些土著文化电台的工作人员大多数正是土著人；没有人比他们更清楚如何理解和传播他们自己的文化和社区需求。你也加入吧！我知道你有很多东西想要与世界分享。

　　而你，你是如何看待你的权利？你同意大家的看法吗？哇，多么有意思的回答！表达想法也是你的权利之一。小朋友们有权对某些话题发表自己的意见，无论你的意见是积极的还是消极的，都没关系。这是言论自由的权利。所有的像你这样的孩子都有权表达他们对任何主题的观点，无论是通过谈话、写作还是通过印刷媒体。此外，你还有权搜索、接收和传播信息或想法。

请注意，从第 1 章的开宗明义到第 24 章的重申权利，《土著和非洲裔儿童的权利》全书中列出的所有内容并非土著和非洲裔儿童所独享，相反这些权利是为全体墨西哥儿童所平等享有的基本权利。不过这些基本权利在土著及非洲裔儿童的实际生活中常常被忽视或侵犯，在新冠疫情期间更为明显。正因如此，新冠疫情这一重大的突发公共卫生事件激发了本书的创作灵感，向土著和非洲裔儿童介绍、重申和强调他们自身所享有的和本国其他儿童完全相同的权利。本书同时兼顾向大众普及儿童权利的目的。

《不可翻译的词语》[1]："语言也是世界阅读你的方式。"

英国哲学家路德维希·维特根斯坦（Ludwig Wittgenstein）有一句非常著名的话："语言的边界就是思想的边界。"（*The limits of my language mean the limits of my world.*）我们在语言的藩篱中描绘和经历日常生活。这句话可以从另一角度解读，即不同语言的边界就是不同思想的边界，那么不同的语言或许正是不同文化群体之间最难跨越的鸿沟。如果这条看似茫茫无际的大海被一颗颗小石子逐渐填平，是否意味着思想的互通互感呢？这项精卫填海似的工作正在墨西哥悄然进行，让土著语言更加主动、更加深入地走入普通人的生活。一本叫作《不可翻译的词语》（*Intraducibles*）的精美画册正是这种尝试的一次成功范例。

2022 年，"不可翻译的词语"创作团队出版了这本同名绘本，来自 33 种语言的 68 个优美词汇被收录于此，每个词语都配以浪漫的插图和精妙的描述性解释（而非简单的翻译），向读者展现各种各样完全不同的世界观和看待世界的方式，不仅能使大众更容易理解这些蕴含着土著人民丰富传统智慧的词语，而且更是引领他们进入土著人民眼中的日常生活、宇宙万物和自我认识，唤起大众进一步关心和爱护土著民族的传统历史文化和他们所创造的物质精神文明，就像对待自己真正关心爱护的事物一般。正如本书前言的第一句话所言："语言即世界观，我们日常使用的语言与我们看待世界的方式有着深刻的联系……文字是我们思想在世界上的痕迹。"同时，本书的编辑曼努埃尔·梅萨·科里奇（Manuel Meza Coriche）还认为"语言是世界阅读你的方式"，这本美丽作品的成功关键正是将母语使用者放在最恰当的位置，即说话者的

---

1　全书可见：https://intraducibles.org/

中心地位，并向他们多年来一直对母语的坚持致敬。科里奇认为，墨西哥社会应当承认和保护土著文化多年来为抵抗外部世界对其情感和知识的忽视所作出的努力，决不能为了"进步"和"发展"而剥夺土著语言存在的权利。这些词语依然存在的原因，正是这种抵抗的结果。

2021 年，《不可翻译的词语》的构想源自两位充满智慧的女性：萨波特克诗人伊尔玛·皮内达（Irma Pineda）和美国休斯顿墨西哥文化与旅游研究所（Mexican Cultural & Tourism Institute of Houston）所长加布里埃拉·拉瓦丽耶（Gabriela Lavalle）。她们偶然发现，语言在翻译中往往会失去本意，那么"（对于非母语者来说）如果我们直接用母语，反而更容易表现（其意义）"。于是，"不可翻译的词语"项目小组由两位女士发起成立，旨在专门搜集和整理墨西哥国内各种土著语言中无法准确翻译或者翻译后因脱离语境而失去原有深意的词语，并以艺术化的形式向大众展示。

团队有了较为清晰的灵感构架之后，小组成员开始行动起来，寻求更多支持。他们的创意得到了文化部、国家土著语言研究所和联合国教科文组织等的大力支持：首先，团队通过国家土著语言研究所邀请民族语言使用者以留言形式（每次留言不超过三个单词），分享他们语言中一些没有或无法被直接翻译成西班牙语的词汇，并附上这些词汇的解释性文字及相关的文化背景。公开征集完成时他们收集到了超过 200 个合适词语；之后，再对搜集到的词汇进行拣选和分类，并且最终选定来自 33 种语言的 68 个"不可翻译的词语"；确定选词内容后，团队又在联合国教科文组织的大力协助下联系了国内数十所大学，开始为每个单词制作插图，这些插图作者有设计和插图专业的学生，也有公认的著名插画师。这种全社会全方位的参与程度为本书增色不少。

既然"无法翻译"，那么应当如何使所有人都能够理解这些"不可翻译"的词语及其背后的意义呢？主创人员经过慎重考虑，放弃简单定义的方式，取而代之以"一幅插图、一篇小散文、一首诗歌"的组合来使读者真正地感知甚至体验这些词汇的生命。最终，这最重要也是最困难的任务——所有文字工作——交由伊尔玛·皮内达，这样一位使用土著语言的女性诗人、原住民驻联合国代表来完成，可谓再合适不过。

Amafka

**小散文**

你会用什么词来表达爱意和祝你所爱的人好运？在瓦哈卡州，说拉伊塔伊吉语的人们在对所爱的人表达美好愿望并祝福他们过上安静快乐的生活时，他们会说"Amafka"。我们向亲人传递的衷心话语汇聚成这个词的魔法封印，而我们对亲人的深情厚谊保护着这个词的魔法封印，这样他们的灵与心都将与周围的一切永葆和洽。

**短诗**

"Amafka！"我们祝福孩子们，

这样，他们的世界也总是充满对他人的好意；

在 Amafka 中，和 Amafka 一起，他们居住在爱的世界，

这样，平静的生活也不会拒绝他们的"侵扰"。

《不可翻译的词语》于 2022 年出版，由国家土著语言研究所前所长胡安·雷西诺亲自作序。首版 4 000 本在全国免费发放，该书甫一面世即在国内、国际引起轰动，联合国教科文组织、墨西哥政府、欧盟委员会、CNN 等全球媒体都有专题报道。联合国教科文组织盛赞道："《不可翻译的词语》成功地让大众能够'看到'这些土著词语及其背后的深意，让土著文化得到更深刻的理解。"另外，社交网络上也掀起好评热潮。

《不可翻译的词语》和《土著和非洲裔儿童的权利》都成书于新冠疫情肆虐最严重的时期，都是基于对土著民族的未来感到深深担忧的背景下创作而成，并且都取得了显著的社会效益，对民族语言文化的保护起到了巨大的

推动作用。两本作品可被视作出于写作目的的差异，产生了不同的观察视角和方法，因此引出了两种不同的尝试：

（1）如果说《土著和非洲裔儿童的权利》内容仍与新冠疫情[1]有直接联系，那么《不可翻译的词语》则完全跳脱出这一时代框架，着眼于土著语言之美这一主题。

（2）《土著和非洲裔儿童的权利》因为内容范围的限制，因而其最重要的目标读者为土著和非洲裔儿童，范围相对较窄且固定。而《不可翻译的词语》面向的是无差别读者群，并且更是以一种全新的视角和方式，让土著语言主动迎向普罗大众，邀请他们进入并融入土著语言文化的缤纷世界。

（3）《土著和非洲裔儿童的权利》作为一本普法读本，虽然尽量做到了通俗亲切，但不可避免的还是因为客观冷静的内容和语言而产生阅读距离；而《不可翻译的词语》内容和语言更加热情温暖，引领读者从一种"对衰落事物的拯救和延续"的旁观状态上升到"对美好事物的亲近与欣赏"的亲历视角，将土著民族语言保护与发展引向了一个崭新的方向。

（4）另外，相较于《土著和非洲裔儿童的权利》由墨西哥政府和联合国教科文组织主导的、自上而下式的成书过程，《不可翻译的词语》的创作初衷和整个过程几乎全部由"不可翻译的词语"项目团队主导，而后期的国家政府、相关组织和个人的参与和协助也是在项目团队的主导之下。

可以看出，上述两本出版物所呈现的民族语言文化保护工作的两种方式，能够很好地适用于不同的目的、场合和受众，并且都可以产生良好的效果。另外，两种方式都有高度灵活的适应性和可复制性，便于实际操作，可以很容易地进行克隆，因此可在世界民族语言文化保护及其他领域学习、借鉴、推广。不过其中最重要的经验或许是，当我们在进行民族语言保护工作时，无论基于何种目的和方式，绝不能将民族语言束之高阁或存之温室，也绝不能为了"进步"和"发展"而剥夺其存在和存在的权利。相反，应当同时一方面尽可能地将民族语言与文化，与更广阔、更具生命力的文化进行全方位融合，遍植于外部世界汲取所需的成长营养和发展空间；另一方面在与外部世界的交流中应当提炼和发展足以使母语使用者骄傲的、不可替代的语言文化独特性。这两方面不仅不是矛盾对立，相反二者互相促进共同成长：只有

---

1　例如有关"突发公共卫生事件中儿童权益的保护"的内容等。

与外部世界的最新文化和技术潮流接触、结合甚至是冲突和检验之下，才能凸显每种语言不可替代的独特性；而在今天全球化的网络时代，语言文化的独特性正是在这不可逆的单一化、趋同化世界中，给人类留下的一丝慰藉。

### 8.3.3 国家学术研究机构参与制作的益智电子游戏

2022 年，墨西哥人类学和历史博物馆与互联网巨头谷歌合作，联合开发了一款探索中美洲玛雅文化的免费电子游戏《神蛇降临》（*El Descenso de la Serpiente*），以一种更有趣的方式推广中美洲玛雅文化。众所周知，蛇在玛雅文化乃至整个墨西哥文化中都有着举足轻重的作用。此款游戏中，游戏者将扮演玛雅神蛇的守护者，寻找遗失在丛林、山脉、海岸和洞穴迷宫中的圣物，并在春分前将它们送回到玛雅世界的文化中心——奇琴伊察。在探险之路上，玩家将面对玛雅诸神的挑战：测试玩家在冒险中获得的有关玛雅神话人物和祖先传统的知识。

在游戏过程中，玩家会惊异于游戏中玛雅文化的呈现方式，这种沉浸式体验使得他们可以真切直观地接触和了解传统服装、球类运动、建筑和神话等玛雅文化元素。另外，虽然游戏语言设置为西班牙语，但原始的玛雅语仍被大量使用，以表达那些无法翻译的文化元素名词，包括主角名字、神灵圣物等各类专有名词和其他玛雅文化的独有概念。这款游戏的乐趣不仅在于通过寻找和归还丢失的圣物来完成游戏，还在于从激动人心的玛雅历史到灿烂的玛雅语言和文化，玩家沉浸在玛雅世界中的体验。

## 8.4 小结：四方借力，多面开花

当我们在后新冠疫情时期，回看和反思墨西哥在此期间针对土著民族语言文化保护所做的一切努力时，发现即使站在今天的上帝视角也会为此表示由衷赞叹。新冠疫情给墨西哥人民带来巨大的生命财产威胁，该国长期处于新冠发病和死亡率最高的国家和地区排行前列。对普通人尚且如此，对生活、通信、医疗、教育等领域全面落后于全国水平的土著人民和社区来说更是苦不堪言。在此期间，莫说发展土著民族语言，就是如何保持现有状态不至恶化已是困难重重。

在这样的背景下，墨西哥在土著语言文化保护和发展领域展现了超凡的决心和毅力，该国政府和人民在国际社会，特别是联合国教科文组织的大力支持与帮助下，从实际出发，四方借力、整合资源、搭建平台、合理开发，最终形成了多面开花多处结果的健康生态和良性循环，完成了不可能的任务：

首先在最基本的学校教育方面，墨西哥政府启动了"居家学习"计划，以该国较为完备的全国教育电视系统为根基，与国内多家公共和付费电视台达成多方合作协议，为大众设计、制作、播出大学以下各级学校教育的课程和课外内容，并通过社区向学生派发教科书和学习资料，同时辅以多平台同步的土著民族语言节目。"居家学习"计划的电视平台在向上扩展至网络平台的同时，亦大力向下兼容在土著社区和家庭仍广泛使用的传统无线电广播，各种土著语言电台也被积极调动。因为与普通西班牙语学生学习内容基本一致，使得土著学生的学习内容质量得到保障。另外在播放时段、播放频次和播放平台等方面，也对土著地区学生多有考虑。

第二，在保护整个语言文化生态方面，政府与联合国教科文组织一道，重点关注针对土著民族聚居区和文化核心地区的新冠状况和社会活力恢复工作，并特别关注土著妇女的状况。同时主动倾听和了解土著社区和民间组织的呼声，架构土著人民和世界的联系桥梁。

第三，支持联合国"国际土著语言十年（2022—2032）"计划和《洛斯皮诺斯宣言》的发布，并在此精神感召下成功在线上举办了 2020 国家土著语言博览会。博览会化劣势为优势，变困难为机遇，全方位大胆尝试数字网络环境下的土著语言文化推广模式，在时长、规模、覆盖面等各个方面都有巨大提升。而且当届博览会在保持前三届推广土著产品、商品、服务的办会初衷的同时，还引入了专题研讨的形式，针对当前土著语言保护和发展的具体困难或未来创新进行切实和深入讨论。因此，在疫情期间举办的这届土著语言博览会可谓是博览会历史上，甚至是墨西哥土著语言保护和发展进程历史上的里程碑和分水岭，起到承前启后、继往开来的作用。

第四，促进土著民族语言进一步同大众生活相融合。一方面，通过"远程陪伴"数字项目、《土著和非洲裔儿童的权利》儿童普法书籍等方式，将日常的大众生活带入土著语言，使土著民族语言逐步成为更广阔社会生活的一个寻常部分。另一方面，经由《不可翻译的词语》艺术化介绍书籍、以《神蛇降临》趣味电子游戏为代表的文化艺术类型，把独特的土著语言带入大众生活，促进全社会积极认识、接受、欣赏土著语言文化之美，唤起保护和振兴土著语言文化的大众意识。

今天，以国家人类学和历史博物馆、国家土著语言研究所、国家土著人民研究所等为代表的墨西哥国家级历史文化研究和保存机构，开始大力开辟非传统路径，不再将民族文化和语言封闭在严肃的学术圈，转而以普通民众更加熟悉喜爱的生活娱乐、信息获取和交流互动等新方式出现在大众视野。在此过程中，这些国家级研究机构发挥其在整合学术资源和社会资源方面的巨大优势，充分结合和激发各方力量，效果显著且切实可行。其中两点启示值得全世界民族语言教育和保护工作者思考和借鉴：

### 8.4.1 挽救不如帮助成长

多民族、多文化、多语言国家的相关政府机构不应单单只重视民族语言的"急诊室"和"图书馆"工作，还应当注意民族语言的"温室"和"咖啡馆"工作。即是说与其对民族语言进行反复抢救和隔绝式封存，我们更应考虑如何为传统语言文化在未来以可持续发展方式的保存和振兴培养土壤和成长空间。更确切地说，语言离不开人与人的交流互动，因此要努力让语言在最适宜的土壤——人与人交流的空间里保持鲜活生命力，积极贴合普通大众，特别是幼、年、青三个年龄层的年轻人的爱好和需求。积极探索新科技及其引领的新生活方式，将民族语言文化以更丰富、更有机的方式培植到更广阔的天地。

### 8.4.2 单干不如汇集力量

多民族、多文化、多语言国家的中央及地方政府相关机构应大力倡导合作伙伴模式，与不同领域的专业机构和人士通力合作，同向同行，各取所长，各司其职。相关政府机构应以更加平等的姿态参与其中，重点发挥其自身在整合学术资源和社会资源方面的优势，在政府和合作伙伴之间积极构建健康和谐的协作空间，主动提供支持和便利，推动或助力此类语言文化的保护和振兴项目。

一项在2020年疫情期间进行的调查研究[1]观测到了墨西哥普通民众对该国土著语言教育所持的压倒性肯定态度，绝大多数民众对保护和振兴土著语言的努力表示积极支持。近90%的受访者支持"土著人民的存在对墨西哥文化很重要"[2]的说法，超过半数的受访者选择"非常同意"（strongly agree）。同时，

---

1 调查详情请参考：https://mexiconewsdaily.com/opinion/the-fight-to-save-mexicos-native-languages/
2 其中"非常同意"（strongly agree）为55.20%，"同意"（agree）为32.16%。

研究还询问了受访者关于"在学校教授土著语言和英语"的看法。大多数受访者认为在学校教授土著语言和英语及其相关科目很重要，其中 70.8% 的受访者支持在学校教授土著语言[1]。

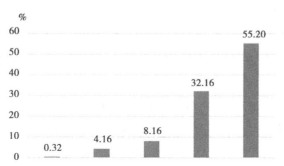

关于"土著人民的存在对墨西哥文化很重要"
的问卷调查结果

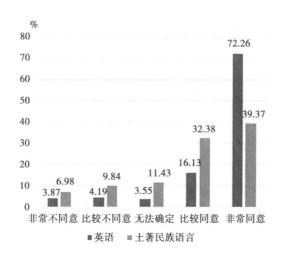

关于"在墨西哥学校教授土著语言和英语很重要"
的问卷调查结果

---

1  土著语言获得的支持比英语少一些，英语为 88.4%，而土著语言为 70.8%。关于"在学校教授土著语言和英语"数据结果有三点值得注意：其一，"教授土著语言"和"教授英语"都得到了七成以上受访者的支持；其二，支持教授英语者的数量远高于支持教授土著语言者的数量；其三，除"非常同意"一项的巨大差异以外，其他观点得到的支持率均为"教授土著语言"高于"教授英语"。对此三点可进行如下更深层次的解读：由于多方面的现实原因，墨西哥普通民众接触和使用英语的概率事实上远高于土著语言，因此教授英语的必要性在公众意见中呈现出一边倒的趋势。而土著语言在普通民众中的能见度不高的情况下仍感受到大量支持，此结果可以看出很大程度上并非仅仅出于短期、实际或功利目的的考量，其影响因素可归因于近年来，特别是"2019 土著语言国际年"和新冠疫情时期，墨西哥对土著语言保护和发展方面所做出的努力和成果。

在总结墨西哥在新冠疫情时期土著语言的保护和发展时，我们可以看到每一项具体措施都充分体现了对土著人民言论自由权和参与文化生活的权利的承认和保障。基于这两个重要原则所设计和实施的举措，才真正使得墨西哥土著民族语言在疫情期间和之后都取得了令人瞩目的傲人成就。另外，这些成就的达成也离不开墨西哥全社会对土著民族语言事业的巨大支持。这些既充满想象力又切实可行的途径及宝贵经验，其示范作用已远超在公共卫生紧急事件中的应对措施，值得向全世界分享和学习。

新冠疫情带给世界的影响是深刻的，人类不仅要应对当前的问题，而且要着眼人类和平与发展的长远问题进行谋划。只有各国共同行动、守望相助、坚定信心、齐心协力、团结应对，共建人类命运共同体、人类卫生健康共同体，才能携手赢得这场人类同重大传染性疾病的斗争，提升全球治理水平。当前，新冠疫情已经结束，然而疫情给世界各国人民生命安全和身体健康带来巨大威胁，对世界发展的冲击不断扩大和加深的经验烙印在我们心中。我们要准确判断疫情给世界发展带来的冲击和挑战，危中寻机、转危为机。正如土著语言守护者（Guardianes de la Palabra）代表罗赛丽亚·巴斯克斯·萨拉特（Roselia Vazquez Zárate）所言："让我们的声音被听见，让我们的语言和希望保持活力。只要太阳不停升起，我们就继续走吧。"

# 第 9 章
## 结　语

语言不仅是交流的工具，也是文化认同和实现个人和集体潜力的基本要素。因此，尊重属于不同语言社区的人们的语言对和平共处至关重要。

联合国教科文组织表示，现有数据显示，全球 7 000 多种语言中至少有 40% 处于某种程度的濒危状态。虽然难以获得确切数字，但专家一致认为，许多土著语言既未被纳入学校教育，也无缘得到广泛使用，处境尤其脆弱。

在多元文化社会中，大众教育的发展通常以牺牲民族的文化和身份为代价。今天，全世界的民族语言都面临巨大的冲击和影响。经济的全球化和网络技术、交通、通信、媒体的快速发展，使得世界上许多民族语言文字迅速被边缘化和弱势化（哈正利，2009：19-20）。

2018 年《岳麓宣言》、联合国 "2019 土著语言国际年"、"国际土著语言十年（2022—2032）" 计划等项目的启动，又再次把民族语言保护和发展这个紧迫的议题放入人们的视线。中国和墨西哥作为世界上民族族群和民族人口最多的两个国家，在保护本国民族文化和民族语言的道路上有颇多值得相互了解、学习和借鉴之处。

本书首先梳理了墨西哥合众国在民族语言保护政策方面各自的发展历程、现行政策和存在的问题，然后提出并尝试回答三个具体问题：墨西哥今天的土著民族语言生存现状如何？在少数民族政策实施过程中，有什么值得借鉴的经验和值得警惕的教训？

本书可归纳出如下结论：墨西哥当前在民族语言保护工作中所面临的许多问题，也是中国正在或可能会面临的问题，最严峻的当属全球化、一体化给民族语言文化保护带来的巨大冲击与挑战。而墨西哥特有的问题也应当再次被提及，那就是墨西哥政府的 "二重性"：外来殖民者性和资本主义性。由于历史原因，今天的墨西哥政治、经济、社会等各个方面的决策层都被白人与梅斯蒂索后裔所垄断，他们与处于社会底层的土著民族人民几乎不存在情感交集，而资本主义政府的特性又决定了他们总是一切以资产阶级的利益马首是瞻，对土著民族的语言文化保护更是漠然视之，甚至有意削弱。

当面对这些问题时，墨西哥政府和民间团体以 "文化助推语言" 为核心理念，以发展代保存，以成长代拯救，以大力辅助民族社群为基础，进行 "从下至上" 的民族语言文化保护和推广，将语言（土著母语）带回语用者的语言环境之中；在推广通用语（西班牙语）的同时，鼓励人们使用自己的母语；在更广阔的全社会层面扩大民族语言的使用和适用范围；并且面对全球化、一体化和信息化技术的大发展，不是如临大敌，而是将其作为推动力，以最新的网络和数字技术为手段，唤醒民族语言，不仅使之能再次在民族群体的日常生活中重生，而且有效地推广到更广泛的人群之中。墨西哥的经验毫无疑问对我们当前和未来的中国少数民族语言保护、传承和发展工作大有裨益。

在保存和推广土著民族语言的过程中，除了广泛利用学校教育这一最传统的方式之外，墨西哥也非常注意数字和网络技术等新手段的开发和利用。在技术开发的过程中，始终依托土著民族的文化和传统，重视保留和还原土著民族的语言和文化生活，充分发挥包括土著社区在内的社会力量的主观能动性。以文化为载体，以语言为桥梁，通过与语言使用者在内的各领域专业人士的通力合作，使这些土著民族语言连同承载语言的文化，以最新的技术和最容易被接受的方式，得以真正与生活和现实接轨，在当今世界找到一席之地。

最后，让我们记住法国史学家和哲学家让·饶勒斯[1]（Jean Jaurès）那句依然闪耀着光芒的话语："保持传统不是保存那些即将燃尽的灰烬，而是轻轻吹气，小心翼翼地助其复燃，这样才能让传统之火永葆温暖和光明。"

---

[1] 让·饶勒斯（1859—1914），法国和国际社会主义运动著名活动家，法国社会党领导人，历史学家和哲学家。

# 附　录

## 附录 1　土著国民语言权利基本法 [1]

### （修订版）

### 第一章　总　则

第一条　本法旨在维护墨西哥合众国的公共秩序和社会利益，应被合众国全体国民普遍遵守。本法设立的目的是在尊重土著人民和土著社区权利的背景下，保障对土著人民及土著社区中个人和集体的语言权利的承认和保护，并促进土著语言的日常使用和发展。

第二条　土著语言是指在墨西哥建国之前就存在于国家领土上的各民族语言，同时包括在我国领土内扎根，并且拥有一套有序和系统的功能性和象征性的口头交流方式的其他外来土著语言。

第三条　土著语言是国家文化和语言遗产的组成部分。土著语言的多元化是墨西哥民族多元文化构成的主要表现之一。

第四条　依照本法认定的土著语言和西班牙语，由于其历史渊源都应被视作国家语言，并具有同等效力。根据墨西哥合众国宪法和墨西哥加入的国际公约的相关内容，保证土著语言和西班牙语使用者在任何情况下都不受歧视的人权诉求，并且保证其完全无障碍地获取墨西哥国家司法服务的权利。

第五条　国家通过"联邦政府、各联邦州和自治区域"三级政府，在各自的权限范围内承认、保护和促进国家土著语言的保存、发展和使用。

---

1　修订版发布于 2022 年 1 月 17 日。

第六条 国家应制定和采取必要的措施，以确保大众媒体向大众传播墨西哥民族的现实状况以及其语言和文化的多样性。此外，根据相关法律，在指定的大众媒体中分配一定播出时间，用其覆盖范围内的民族语言播放节目，以及与推广全国各地区土著语言文字、口头传统和语言使用相关的文化节目。

第七条 在任何具有公共性质的事务或程序方面，以及在完全享有公共管理、服务和信息等服务的权利方面，土著语言和西班牙语具有同等效力。国家必须根据以下规定，保证行使本条款所规定的权利：

a）在墨西哥城联邦区和包含使用土著语言的自治区域或社区的联邦州中，相关政府应在与当地以及移入当地的土著社区协商后，决定交由何种行政机构制定和采取相应措施，以便有关单位妥善处理和解决与土著语言有关的问题。

b）在包含土著语言社区的自治区域中，所有类似情况都应采用和执行前款所述的应对措施。

联邦政府和联邦各州将通过文字、视听和电脑网络等媒体渠道，使用当地语言向民众提供和宣传以下内容：各项法律、法规，以及针对相应土著社区所制定的工作方案、工作项目、相关服务等。

第八条 任何人不应因其使用的语言而遭受任何形式的歧视。

## 第二章 土著语言使用者的权利

第九条 在社会、经济、政治、文化、宗教和其他任何活动中，任何墨西哥国民有权在任何公共或私人领域不受任何限制地以其母语进行口头或书面交流。

第十条 国家应当保障土著人民和社区在国家司法领域使用其本民族语言的权利。为保障上述权利，在土著人民和社区以单独或集体形式参加的任何审判和诉讼过程中，依照墨西哥合众国政治宪法的相关精神，应酌情考虑其习俗和文化特点。

联邦政府中负责代理和行政的司法部门，包括负责农业和劳动相关部门，应在任何与土著人民相关的司法案件处理过程中向其提供必要支持，以确保土著人民在上述过程中均可无偿获得翻译和辩护协助，并且应选派了解土著人民的权利、语言和文化的译员和律师负责上述翻译和辩护工作。

根据第五条之规定，在包含土著语言社区的联邦州和自治区域中，如遇类似情况，土著人民可要求按照前段所述的措施进行处理。

第十一条　联邦和各州教育部门应确保土著人口能够接受义务的双语跨文化教育，并应采取必要措施维护土著人民的尊严和身份，并且保障土著人民使用其民族语言的权利。同时，在中等和高等教育阶段也应积极促进跨文化教育和多语言教育理念，积极促进对语言多样性和语言权利的尊重。

第十二条　全社会，特别是土著居民和土著社区机构，应共同努力实现本法的目标，积极参与家庭、社区和区域的语言应用和教学，从而激发土著语言的生命力。

## 第三章　职能的分配、协调和配合

第十三条　国家各级政府有责任在各自的职权范围内建立机构和开展活动，以实现本法的总体目标，特别是以下目标：

1. 尊重和承认我国民族语言多样性，并在此前提下，与土著人民和社区一道，将我国土著民族语言保护、保存、促进和发展的政策和行动纳入国家、各州和自治区域三个层面的土著文化教育计划和行动之中。

2. 应使用当地语言向土著人民进行宣传针对其所在土著社区的特定工作方案、工作项目、相关服务等。

3. 通过大众媒体广泛传播其所在地区内的土著语言，以促进其使用和发展。

4. 将土著语言的起源和演变历史，以及其对我国民族文化的贡献等内容纳入正规的基础教育。

5. 设立相关监督机制，在公立和私立教育系统推进跨文化教育和多语言教育理念，加深对我国语言多样性的尊重，以促进我国土著民族语言及土著文学的保存、研究和发展。

6. 确保土著社区的基础双语教育教师，能够同时说写当地土著语言，并了解当地土著文化。

7. 促进我国土著民族语言及其文学表现形式的调查、传播、研究及其文献归档，促进我国土著民族语言及其文学表现形式的教学。

8. 建立用以保存我国土著民族语言材料的图书馆、报纸期刊阅览室、文化中心等机构。

9. 确保在公共图书馆保留特定区域，用于保存土著文学和土著语言中最具代表性的介绍信息和文献资料。

10. 支持民族语言学研究领域的公共和私营机构以及合法成立的民间社团开展和实现与本法目标相关的各项工作。

11. 支持土著民族语言 - 西班牙语口译员和笔译员的专业培训和认证工作。

12. 保证在公共机构、单位和办公室中，应有掌握当地土著民族语言的工作人员。

13. 建立相关政策、方案和实施渠道，保护和保存在境内外迁徙的我国土著人民的文化和语言。

14. 在制定促进各级政府和学术研究机构开展研究工作的政策过程中，推动和鼓励土著民族语言使用者参与其中。

15. 实施必要措施，在土著自治区域内用西语和当地语言设置各类官方信息指示和地名指示。

## 第四章　国家土著语言研究所

第十四条　国家土著语言研究所作为联邦政府公共行政领域的独立运行单位，是一个公共和社会服务机构。国家土著语言研究所具有法人资格和自有资产，隶属于公共教育部。国家土著语言研究所创建的目的是加强我国领土内的土著语言保护和发展，促进我国文化财富知识的传播与共享，并向“中央—联邦—自治区域”三级政府在土著语言研究领域提出制定相关公共政策的建议。

为了实现上述目标，研究所将积极发挥以下特点和权利：

1. 与三级政府和土著人民及社区一道，制定针对我国土著民族语言的发展计划和措施。

2. 制定计划、项目和具体行动，增进大众对民族土著文化和语言的了解。

3. 拓宽我国土著民族语言的社会使用范围，扩大获取土著民族语言知识的有效渠道；根据相关规定，在公共场所和媒体上大力推广土著语言的保护、了解和认可。

4. 建立针对双语技术人员、口译员、笔译员和专业人员认定和认证的机制和具体计划。有意识地培养一批熟悉土著文化的专业技术人才，并加强其学术研究活动与各类本科生及研究生课程和专业技术、进修和培训等方面的非学位项目和课程之间的联系。

5. 制定并开展土著语言学、文学和教育领域的发展项目。

6. 制定和推广土著民族语言语法和书写标准，提高土著民族语言的读写能力。

7. 开展和促进相关基础研究与应用研究，增进对土著民族语言的认识，促进土著民族语言知识的传播。

8. 开展相关研究，促进对我国土著民族语言多样性的认识；在国家统计、地理和信息学研究所（INEGI）开展社会语言普查时，协助其在有关土著语言人口数量和分布方面设计研究办法。

9. 为联邦公共管理领域的下属部门和相关单位、立法和司法权力机构、各州和各自治区域政府，以及相关领域社会和私人机构组织提供咨询及顾问服务。

10. 就宪法中有关土著民族语言的条例和我国加入且符合本法精神的相关国际条约在实际中的执行情况进行相关报告，并向三级政府提出相关建议和措施，促进土著民族语言的保护和发展。

11. 促进和支持各州及各自治区域根据当地的相关法律和土著民族语言的实际情况建立相关研究机构。

12. 根据《墨西哥合众国宪法》精神，本法适用于所有自然人或法人，适用于国内、国际或国外的所有公共或私人组织。各单位的相关活动和其他相关法规应当与本法的基本精神保持一致。

第十五条　国家土著语言研究所由全国委员会集体负责管理。同时，该研究所设立所长一职，具体负责研究所的日常运行工作。研究所总部设在联邦区墨西哥城。

第十六条　全国理事会由以下人员组成：分别来自联邦政府7个公共行政部门的代表7名，来自土著学校、高等教育机构和大学代表的代表3名[1]，以及来自在土著民族语言保护领域作出杰出贡献的学术机构和民间组织的代表3名[2]。

联邦公共行政部门的7名代表如下：

1）文化部代表1名，根据《联邦国有单位法》（*Ley Federal de Entidades*

---

1　国家人类学与历史研究所、国家人类学与历史研究所和索诺拉大学。
2　跨文化大学网络协会、韦拉克鲁斯土著语言学院和玛雅翁协会。

*Paraestatales*）规定，他将以协调人身份领导联邦公共行政部门代表的工作。

2）财政和公信部代表 1 名，须由该部门副部长级成员担任。

3）社会发展部代表 1 名。

4）交通运输部代表 1 名。

5）公共教育部代表 1 名。

6）国家土著人民发展委员会代表 1 名。

7）外交部代表 1 名。

国家土著语言研究所所长由国家总统从全国理事会提名的 3 位候选人中选出，其任期不超过六年。所长人选应优先选择：（1）以土著语言为母语者；（2）有在国家土著语言研究所的实际工作经历，并在土著语言的研究、发展、传播和实际应用方面享有公认的专业和学术声誉。

第十七条　理事机构的运行规程、行政和运行结构，以及研究所管理机构的权力和执行规则，应在理事机构的内部条例中确立，由全国理事会通过并发布。

理事机构每六个月举行一次例会，所长可召集特别会议；理事机构会议应有半数以上成员出席，其决定须由应半数以上的出席者通过方为有效。

第十八条　为履行其职责，所长应拥有所有权、行政权、诉讼权和催收权，以及在某些特殊情况下应赋予其的特别权力。除研究所的基本规章制度或研究所全国理事会通过的临时限制外，所长权力不受其他约束。

第十九条　国家土著语言研究所的行政监督机构由 1 名公共专员（Comisario Público Propietario）和公共行政部（Secretaría de la Función Pública）指派的 1 名候补人员组成。

第二十条　国家土著语言研究所全国理事会将在征询国家人类学与历史研究所[1]（Instituto Nacional de Antropología e Historia，INAH）和国家统计、地理和信息学研究所的相关研究之后，根据分别来自土著人民和土著社区代表，以及本理事会下属的学术机构的联合建议编制土著语言目录；该目录将在《联邦政府新闻公报》[2]（*Diario Oficial de la Federación*）上发布。

第二十一条　国家土著语言研究所的主要资金来源由下列部分组成：

---

1　国家人类学与历史研究所成立于 1939 年，致力于在史前、考古、人类学、历史和古生物学遗产领域的研究、保存、保护和推广，研究所在保护墨西哥文化遗产方面发挥了关键作用。

2　《联邦政府新闻公报》创刊于 1848 年，是最重要的墨西哥政府官方出版物之一。

1.联邦政府每年从财政支出预算中的固定拨款部分；

2.通过研究所工作或出版物销售等成果所产生的收益部分；

3.通过接收、遗赠、捐赠等方式从个人、公共机构或私人机构等来源获得的部分。

第二十二条 为保障本法规定的义务和权利得到充分履行，根据《墨西哥合众国政治宪法》第二条 B 款倒数第二段关于土著权利和文化之规定，联邦议会众议院、联邦各州立法机构和各自治区域议会将在各自权限范围内设立预算项目，用于土著语言的保护、促进、保存、使用和发展。

第二十三条 国家土著语言研究所与其员工的劳动关系应符合《墨西哥国家公务人员法》（*Ley Federal de los Trabajadores al Servicio del Estado*）的相关规定。

第二十四条 国家土著语言研究所将与其在各州的相关机构一道，推动当地政府制定法律，制裁和处罚任何形式的歧视、排斥和剥削土著民族语言使用者行为，或侵犯本法所规定的土著民族语言使用者人权的行为。

第二十五条 任何违反本法的职能部门、机构、公务员和官员，将根据《墨西哥合众国政治宪法》第四章关于公务员责任之内容及其他相关法律，承担相应的法律责任。

# 附录2　圣安德烈斯协定

## 1996 年 2 月 16 日

关于以下形成于以"原住民权利与文化"为主题的总结性全体会议前半部分的三份文件：

1.《联邦政府和"萨民解"[1] 应提交给国家相关议事和决策机构的联合声明》

2.《联邦政府和"萨民解"同意在〈议事规则〉第 1.4 点指导下向国家相关议事和决策机构提交的联合提案》

3.《恰帕斯州政府、联邦政府和"萨民解"在〈议事规则〉第 1.3 点指导下对恰帕斯州的承诺》

A. 联邦政府通过其代表团表示接受上述文件。

B. "萨民解"通过其代表团表示接受上述文件。并且针对内容中的一些问题，"萨民解"经过内部磋商，在 1996 年 2 月 14 日总结性全体会议后半部分提出，针对这些内容做必要的内容增加、替换或删除的提案，其内容如下：

1. "萨民解"代表团坚持指出，（1）严重的国家土地问题缺乏解决方案，并且（2）有必要修订宪法第二十七条，以体现埃米利亚诺·萨帕塔的革命精神，其主要内容概括为两个基本要求：土地属于其上的劳动者，和"土地与自由"。（本项针对文件 2《联邦政府和"萨民解"同意在〈议事规则〉第 1.4 点指导下向国家相关议事和决策机构提交的联合提案》第 V 部分"宪法及相关法律的修订"b 条。）

2. 关于土著社区的可持续性发展，"萨民解"代表团认为政府针对在土著人民土地上造成的损害和损失的赔偿是不够的。因此有必要制定一项真正可持续性发展的政策，保护土著人民的土地、环境和自然资源，简而言之，未来必须考虑到发展项目的社会成本。（本项针对文件 1《联邦政府和"萨民解"应提交给国家相关议事和决策机构的联合声明》之"新关系的原则"下

---

1　"萨民解"即萨帕塔民族解放军（Ejercito Zapatista Liberacion Nacional，EZNL）的简称。

的"（2）可持续性"。）

3. 关于"土著妇女的现状、权利和文化"问题，"萨民解"代表团认为目前所达成的内容仍是不够的。由于土著妇女遭受"妇女""土著人""穷人"三重身份的压迫，因此她们要求采用另一种经济、政治、社会和文化模式来建立一个新的国家社会，这样的模式应平等地涵盖所有墨西哥人，无论女性或是男性。（本项针对文件3.2《行动与措施：恰帕斯州政府和联邦政府，与"萨民解"一道为恰帕斯州做出的联合承诺和提案》。）

4. 总体而言，"萨民解"代表团认为在所有具体情况下，应针对协议的实施给出具体的实施时间和实施条件，为此，土著人民和有关当局应通过双方协商的方式，共同制定实施计划和时间安排。

5. 关于保障土著人民享有完全司法服务的权利。"萨民解"代表团认为不应忽视在涉及土著人民的所有审判和诉讼中委派我国土著民族语言口译员的必要性。确保我国土著民族语言口译员被被告方明确接受，并且确保他们通晓当地语言，并熟悉土著文化和法律制度。（本项针对文件2《联邦政府和"萨民解"同意在〈议事规则〉第1.4点指导下向国家相关议事和决策机构提交的联合提案》之"保障土著人民享有完全司法服务的权利"。）

6. "萨民解"代表团认为必须通过立法来保护国境内外所有土著和非土著移民的权利。（本项针对文件1《联邦政府和"萨民解"应提交给国家相关议事和决策机构的联合声明》之"（8）保护土著移民"。）

7. 为了加强土著人民的自治区域，"萨民解"代表团认为政府需要做出明确承诺，以保证这些自治区域能够获得足够的基础设施、培训和经济资源。（本项针对文件2《联邦政府和"萨民解"同意在〈议事规则〉第1.4点指导下向国家相关议事和决策机构提交的联合提案》第3页内容。）

8. 关于通信媒体，"萨民解"代表团认为有必要保证（1）土著人民拥有获得可靠、及时和充分的政府信息的权利，（2）土著人民拥有接触现有通信媒体的权利，以及（3）土著人民拥有建立自己的通信媒体的权利（无线电广播、电视、电话、报刊、传真、通信无线电、计算机和卫星接入等）。（本项针对文件2《联邦政府和"萨民解"同意在〈议事规则〉第1.4点指导下向国家相关议事和决策机构提交的联合提案》Ⅲ之"8. 传播媒体"。）

C. 关于B项中所涉及的文件内容，双方代表团同意，在对话中双方认为时机成熟时，将就这些内容展开谈判。

D. 双方应向国家相关议事和决策机构以及其他相关机构共同提交上述三份各方所达成的协议和承诺的随附文件。

E. 双方承诺将本决议提交给国家相关议事和决策机构以及恰帕斯州的相关机构，并且双方认可 B 项中指出的要点也应被上述机构视为双方对话的实际成果。

本文件及其随附的三份文件已在《议事规则》和《恰帕斯州"对话、和解与有尊严的和平"法》相关条款的指导下正式颁布，并且被写入《"争取'正义与尊严下的和平'"停火协定》。

## 文件 1

### 联邦政府和"萨民解"应提交给国家
### 相关议事和决策机构的联合声明
#### 1996 年 2 月 16 日

"萨民解"和联邦政府在恰帕斯州圣安德烈斯以达成《争取"正义与尊严下的和平停火"协议》为目的进行对话。在此对话框架内，双方就"土著权利和文化"主题进行商讨，并同意在《议事规则》第 1.5 点指导下发布本声明。

"萨民解"和联邦政府"以原住民权利与文化"为主题的总结性全体会议是提交关于"土著人民与国家的新关系"的提案的最合适场合和时机。

该宣言包含一种以"土著人民、社会和国家之间建立新关系"为目的社会契约的必要原则和基础。这种社会契约是基于这样的信念，即"在国家和地方层面为土著人民建设的新环境，只有在全面的国家改革框架内，在土著人民自己和整个社会的共同参与下才能生根发芽，臻于完善"。

*新关系的背景*

1. 历史证明，土著人民一直是承受各种低等、不公和歧视的对象，这些形式决定了土著人民的贫困、受剥削和政治上被排斥的结构性状况。这同时也证实了土著人民一直承受着国家以文化标准化与同化为指导思想的法律秩序。最后，它还证实了克服这一现实状况需要政府和社会，尤其需要土著人民本身，共同参与新的、深入的参与性和同向性的行动。

这样的目标需要一项新的国家性总体性政策，而不是单个的、特殊制定的政策。现任联邦政府承诺将致力于为此种政策建构一种全国性改革的框架，以期在包容性政策的支持下推进措施，提高土著人民的幸福感、发展和公平，加强他们对各种决策机构和进程的参与。

这样的目标需要所有公民和民间组织共同参与。现任联邦政府承诺将大力支持这些合作，以努力消除对土著人民的歧视心理、态度和行为，并发展一种接受土著人民世界观、人生观和发展理念的多元文化和宽容文化。

这样的目标需要土著人民的参与。现任联邦政府承诺将致力于承认和鼓励土著人民成为影响他们自身生活决策的关键参与者，并重申土著人民作为墨西哥人，在建设国家过程中拥有完全行使各项权利的地位。

简而言之，这样的目标需要全国团结一致的努力，现任联邦政府在土著人民和整个社会的参与下，承诺将致力于促进国家团结，这将有助于让所有墨西哥人解放其自身的所有能力，从而使得墨西哥因自豪地继承起土著人民数百年的历史和精神财富而更加强大，并促进墨西哥充分发展其所有经济、政治、社会和文化能力。

2. 土著人民的贫困和边缘化状况反映了墨西哥社会发展的不平等性质，也划定了国家应达到的社会正义要求的范围，这样的社会正义是与每一个墨西哥人都息息相关的核心理念，因此国家应重视并对此作出积极贡献。

联邦政府意识到了这一责任，并表达了制定政策和采取行动来应对这一国家任务的坚定意愿。为了加强土著人民对国家发展的参与，国家将完全承担起建构一个崭新的框架的责任。在这一框架内，土著人民传统、习俗和社会组织将得到应有的尊重；他们的生活水平将会得到更多的提高机会；他们的未来发展将会有更广阔的政治和文化空间，他们也将会通过更多渠道参与、共同建设一个更现代、更高效、更活力、更团结、更多元、更包容的社会，这样的社会所创造的价值将得到公平的分配。土著人民将以其文化中最美好的一面为建设多元和宽容的社会作出贡献。

墨西哥的发展前景，与消除数百万墨西哥土著人的贫困、边缘化和政治参与不足这一历史任务密切相关。建设更加公正、更少不平等的社会目标是实现更加现代化的发展和建设更加民主的社会基石。这些目标是墨西哥人民所期望看到的、国家建设的重要组成部分，它们不仅是对整个社会和土著人民的道德承诺和合众国政府不可推卸的责任，也是保证国家向着更高发展水平前进的基础。

对于联邦政府而言，消除土著人民贫困和边缘化，不仅是国家的历史任务，而且也是当前的社会性与结构性需求。这一目标需要土著人民和全社会的积极参与，二者是促成建立土著人民与中央政府、国家机关以及各级政府之间新关系的关键因素。

这种新关系应摒弃以往的"文化融合"主张，承认土著人民是法律法规领域中新的特殊对象，这种特殊性来源于他们特殊的历史渊源、他们的特殊需求、墨西哥民族的多元文化性质，以及墨西哥政府签署的国际承诺中的相关描述（特别是《国际劳工组织第 169 号公约》[1]）。

联邦政府认为，与土著人民建立的这种新关系赋予其为土著人民解决基本问题的使命，这一使命最终应通过系统的和具体的政策形式向外呈现，体现我国的区域多样性和每个土著民族的特点。

**联邦政府对土著人民的承诺**

3. 作为国家在与土著人民新关系中应履行的承诺，联邦政府承担的责任有：

（1）在国家宪法中承认土著人民的地位。国家应以宪法条文的形式，保证促进对土著人民自决权的承认，他们是从西班牙征服或殖民时代开始到建立现行国家边界期间，居住在我国的人口的后代。无论其法律地位如何，他们仍保留其自身的社会、经济、文化和政治传统，或仍保留其中之一部分。对土著人民身份的认识应被视为其适用于何种土著群体条例的基本标准。自决权应在土著自治区域的宪法框架内行使，以确保国家统一。因此，他们可以自由决定他们的自治政府形式，可以自由决定以任何方式建设其政治、社会、经济和文化组织。土著自治区域的宪法框架将保证土著人民的社会、经济、文化和政治权利得到有效行使。

（2）扩大政治参与度和代表权。国家应促进法律和立法上的变革，以扩大土著人民在地方和国家的政治参与和代表权，此举既尊重他们各自的具体情况和传统，同时又加强墨西哥合众国的新联邦制理念。土著人民的声音和要求得到倾听和关注，这一主张应促进在墨西哥民族的整体框架内承认土著人民的政治、经济、社会和文化权利，促进国家在制度实践领域实施决定性改革。联邦政府应根据现有的协议和共识促进宪法和其他相关法律的修正工作。

---

1　《国际劳工组织第 169 号公约》也称《土著和部落人民公约》（*Indigenous and Tribal Peoples Convention*）。国际劳工组织大会第 76 届会议 1989 年 6 月 27 日通过该公约，1991 年 9 月 5 日生效。

（3）保障土著人民享有完全司法服务的权利。国家应在承认和尊重其文化特性及其所在族群的内部规范制度的基础上，确保土著人民完全无障碍地获取墨西哥国家司法服务的权利，保障其人权得到充分尊重。国家应促进墨西哥实体法承认土著族群和社区的权利、规范和内部争端的解决程序，以便依照其族群内部的规范制度框架执行司法工作。同时，国家应促进国家司法部门简化针对土著人民的法律程序和判定的核准程序。

（4）促进土著人民的文化表现形式。国家应促进承认和扩大土著人民生产、娱乐和传播其文化的空间的国家和地方文化政策；在土著人民的积极参与下，促进和协调致力于发展土著文化机构的活动，并将不同文化习俗的知识纳入公共和私立教育机构的学习计划和方案。对土著文化的深入了解有助于增强国家凝聚力。

（5）确保教育和培训。国家应确保土著人民所接受的是一种基于尊重和发挥其知识、传统和组织形式的教育。这样的教育应在能够拓宽他们获取文化、科学和技术知识的渠道的社区中，以全方位教育的形式开展；专业（职业）教育致力于拓展他们的发展前景；培训和技术援助应致力于改进生产流程和产品质量；针对团体／组织的培训应致力于提高社区管理能力的组织。国家应尊重土著人民在其自身文化空间内进行教育活动。国家所提供的教育应具有跨文化性质。国家应大力推动区域教育网络的整合，为土著社区提供接受不同层次教育的可能性。

（6）保障土著人民的基本生活需求。国家应采取令土著人民基本满意的方式和不低于可接受水平的幸福感，保障他们在营养、保健和家庭服务设施方面的基本生活条件。社会政策应体现相应的优先方案，提高婴儿的健康和营养水平，并为土著妇女的活动和培训提供支持。

（7）促进生产和就业。具体发展策略应由国家与土著人民共同商定，用以促进土著人民的经济基础建设。发展策略应充分发挥土著人民的人力资源优势，通过农业及其相关产业活动，产出既可以满足自身需求又可以投入市场销售的产品。这些农业及其相关产业活动在积极创造就业的同时，还能增加资源的附加值和改善土著社区及其周边环境的基础服务。在土著社区农村发展计划的规划过程中，从设计到执行的各个阶段，土著社区代表都应处于中心地位。

（8）保护土著移民。国家应促进特别的社会政策，保护本国境内和境外的土著移民。这些土著移民保护政策应在负责妇女工作与教育和青少年儿童保健与教育的相关机构支持下配合实施；在乡村，土著移民保护政策应重视与长期输出和输入农业务工人员的地区保持协调和配合。

### 新关系的原则

4.联邦政府承诺，在与土著人民的新关系中，指导国家行动的原则有：

（1）多元主义。墨西哥社会中不同民族和文化之间的关系建立，应以尊重差异为基础，以尊重平等为前提。因此，国家政策应着眼于规范国家自身行为，有效打击一切形式的歧视，纠正经济和社会领域的不公平，促进社会多元化。同时，应推进新法律秩序的建设。新法律秩序应从多元文化中获取营养，反映跨文化对话机制。跨文化对话机制既包含所有墨西哥人共同遵守的标准，同时又尊重土著人民的内部规范制度。

承认和发展我国民族的多元文化性意味着，为了在民族统一的框架内加强文化多样性和文化包容性，国家及相关机构的行动不应以土著人与非土著人以及其他任何社会文化为标准，区别对待特定群体。国家的发展应得到文化多元性的支持，这样的文化多元性可以理解为充满和平、高效、尊重和公平的多文化共存。

（2）可持续性。以土著人民熟悉的方式保持土著人民"土地"上的自然和文化环境的延续性至关重要且紧迫［关于"土地"（lands）的定义，参照《国际劳工组织第 169 号公约》第 13.2 条[1]］。基于对土著人民文化多样性的尊重，墨西哥国家各级政府和机构的行动应加入可持续性标准的考虑。土著人民和社区开发利用自然资源的传统方式是维持其文化持久性和提高生活水平的方式。应以法律形式承认，当国家在开采自然资源时，如对土著人民和社区的生存环境造成破坏并危及其文化延续性时，应给予相应的补偿和安置。

如果土著人民生存环境已经遭到破坏，且受影响人认为所给予的补偿和安置不足以弥补其文化延续性所遭受的损害时，针对此类案件应推动相应审查机制的建立，由国家和受影响人共同进行具体案件分析。针对上述两种情况，补偿和安置机制应尽力确保土著人民和社区的可持续性发展。同时，国家应通过与土著人民达成共同协议的方式，根据《国际劳工组织第 169 号公约》

---

1　《国际劳工组织第 169 号公约》第 13.2 条对"土地"（lands）的定义为："有关民族占有的或使用的区域的整个环境。"

第 13.2 条对"土地"的定义，积极采取"土地"生态恢复措施，并支持土著人民主动创造条件，保障其生产生活实践的可持续性。

保持土著人民"土地"上的自然和文化环境的延续性至关重要且紧迫。应以法律形式承认，当国家在开采自然资源时，如对土著人民和社区的生存环境造成破坏并危及其文化延续性时，应给予相应的补偿和安置。如果土著人民生存环境已经遭到破坏，且受影响人认为所给予的补偿和安置不足以弥补其文化延续性所遭受的损害时，针对此类案件应推动相应审查机制的建立，由国家和受影响人共同进行具体案件分析。针对上述两种情况，补偿和安置机制应尽力确保土著人民和社区的可持续性发展。同时，通过与土著人民达成共同协议的方式，国家应积极采取"土地"生态恢复措施，并支持土著人民主动创造条件，保障其生产生活实践的可持续性。

（3）全面性。国家应促进与土著人民生活有密切关联的各种机构和各级政府采取统一和同步的行动，避免因各自为政而导致公共政策相互矛盾的片面做法。针对用于土著人民发展的公共资源，国家应通过鼓励土著人民参与更大范围的决策制定和公共支出的社会监管的方式，支持建立诚实透明的管理制度。

（4）广泛参与。国家应鼓励各种机构采取行动，在尊重他们的内部组织形式的基础上，促进土著人民和社区参与度，以实现培养其在自身发展中成为决定性参与者的能力这一目标。它应该与各种土著居民组织合作，鼓励土著人民加强自身的决策和管理能力。它还应保证在设计、规划、执行和评估与土著人民有关的行动时，其中应有部分责任由政府和土著人民共同承担。由于土著地区政策不仅应与当地土著人民共同制定，而且还应在其参与下进行实施，因此在上述地区运作的现有土著和社会发展机构应转变为由土著人民与国家一道，共同设计和协调运作的新机构。

（5）自决。土著人民在不损害国家主权的情况下，在为其制定的新规范框架内，可以坚持和自主实行差异化自治。土著人民以上述方式在不同领域和层面实行自决的权利，国家应予以尊重。此举同时也包含对土著人民文化身份和社会组织形式的尊重。同时，还应认识到土著人民和社区有能力决定其自身发展。在土著人民尊重国家和公共利益的前提下，墨西哥国家各级政府和机构不得单方面干预土著人民和社区的事务和决定、他们的组织形式和代表形式，或他们当前的自然资源开发计划。

### 新的法律框架

5. 土著人民与国家之间新关系的建立必然基于在国家和各州层面建立新的法律框架。联邦政府承诺促进以下行动：

（1）国家应在政治宪法中承认以下诉求为土著人民的合法权益：

a. 政治权利。在尊重土著人民传统的基础上，加强他们在立法机构和政府中的政治代表权和参与度，以保证其自治政府组织形式的有效性。

b. 司法权力。在尊重人权的基础上，接受土著人民按自己的程序指定其司法权威人士或机构，以他们自己的规则系统来解决内部争端。

c. 社会权利。保证土著人民的社会组织形式和内部机构的完整，满足他们作为人的基本需求。

d. 经济权利。提供完善的工作组织形式和提高生产效率的计划和备选方案。

e. 文化权利。发展他们的文化创造性和多样性，保持他们文化身份的延续性。

（2）应通过国家法律，承认土著社区为公法实体，承认在以土著人口为主的城市里的自由结社权利，在其他城市以协调土著活动为目的的结社权利。主管单位应有序地进行资源调拨，使土著社区能够自行管理其被分配到的公共资金，并且加强土著人民在不同领域和不同层级的参与度。州立法机构可以在其认为适当的时候，将职能和权力移交给土著社区。

（3）应在合众国各州的立法中体现土著人民自决和自治形式的具体特色。这些特色必须能够完全反映土著人民在多样性和法律地位上的实际境况和未来诉求。

在确定法律框架，以及界定国家与土著人民之间新关系的特定方面时，立法部门应起决定性作用。合众国政府应向联邦议会提议，为土著人民构建一个新的国家法律框架，并且向各州议会提议，在相关法律中写入这些最能体现我国土著人民不同实际境况和未来诉求的特色。

（4）修改合众国宪法的相关条款。联邦政府承诺促成国家宪法中以下条款的修改：

a. 变更第四条。将上述第 1 点、第 2 点诉求采纳为土著人民的合法权利。

b.变更第一百一十五条。此变更可提高《联邦协议》[1]（*El pacto federal*）效力，同时可以保障在乡镇和以土著人民为主的自治区域议会中，土著社区的公共事务参与度。

c.其他与上述修改内容相关的宪法条款，以及宪法中包含"国家与土著人民新关系"相关内容的条款。

（5）与上述内容相关的其他法律法规和正式法律文本应修改相应条款，与宪法中针对土著人民新权利的修正内容保持一致。

鉴于此，联邦政府承诺将以宪法修改内容为基础，推进相关的一般性立法。为此，法律机制和程序应立即启动，以便：

a.开始审查和修改联邦各州的相关法律；

b.相关立法能够在合众国各州通过。

（6）在合众国各州关于描述土著人民自决和自治特色的立法内容中，联邦政府认识到应考虑以下要素：

a.在具有不同文化和地理情况的土著族群共存的情况下，不宜对拟立法描述的土著自治特色采取统一标准。

b.应由土著人民自己决定以何种形式进行自治。

c.为了灵活地确定哪些具体的自决和自治形式最能反映每个土著族群的实际境况和未来诉求，应考虑设定若干标准，例如：其内部监管系统和社区机构的有效性；社区之间、城市之间和联邦州之间的联系程度；土著和非土著人民之间的存在和关系；人口聚落的格局和周边地理情况；参与政治代表机构和各级政府的程度；等等。

联邦政府承诺，在完全尊重共和制这一基础上，促进合众国政府和各州立法机构将上述要素作为立法标准，以建立土著人自决和自治的特征。

**结论**

1.1994年1月1日在恰帕斯州开始的冲突在墨西哥社会产生了一种新认识，即国家与社会以及该国土著人民之间有必要建立一种新的关系。

2.联邦政府承诺在新的联邦制度下，与社会各界一道制定新的社会契约，从根本上改变政府与土著人民在社会、政治、经济和文化领域的关系。新的

---

1 通过该协议联邦政府将主权授予各州，反过来国家通过联邦、州和市三级政府统一起来，联邦政府为国家代表。

社会契约应致力于消除在公共生活中那些引起和扩散主从偏见、不平等和歧视现象的日常形式，应该使与土著人民有关的各项权利和承诺得到有效执行：保持其文化差异性的权利；保护生存环境的权利；使用和占有"土地"的权利（"土地"的定义依据《国际劳工组织第 169 号公约》第 13.2 条）；土著社区在政治上实行自我管理的权利；发展其文化的权利；保持其传统生产模式的权利；管理和执行其自主发展项目的权利。

3. 墨西哥国家与土著人民之间的新关系是基于以下要点：尊重差异；承认土著人民身份也是我国国民性中固有的组成部分；接受他们基于多元文化的特殊性，并将其作为我国法律秩序的基本要素。

土著人民与墨西哥国家之间的新关系应保证包容、持续对话和就对未来发展的各个方面达成共识。走单边道路或低估土著人民建设自己未来的能力的观念，都不应纳入国家政策之内。

与单边道路或低估土著人民能力的观念相反的是：在宪法框架内，在充分享有其权利的基础上，土著人民有能力决定以何种方式和方法指引其转型过程。

文件 2

### 联邦政府和"萨民解"同意在《议事规则》第 1.4 点指导下向国家相关议事和决策机构提交的联合提案

1996 年 2 月 16 日

双方同意将以下共同商定的提案提交给国家相关议事和决策机构：在与国家的新关系框架内，土著人民的权利应当在新联邦制度指导下得到承认、确定和保障。这一目标意味着应当对联邦宪法及相关法律，以及各州宪法和地方立法进行修正和增补，最终达成针对以下两方面的协调：建立能够确保实现国家目标和国家统一的总体基础；同时，为各联邦州根据当地土著民族的具体特点制定立法和采取相应行动提供切实的操作可能。

### I

1. 促进国家及其与土著人民之间政治、社会、文化和经济关系的深远变革，以满足土著人民对正义的强烈要求。

2. 推动新的包容性社会契约的建立，其推动力源自以下事实：（1）墨西哥社会从根本上是一个多元性社会；（2）土著人民可以通过宪法赋予的各项权利（尤其是自决和自治权利）为民族团结作出应有的贡献。

3. 被引入的法律修正内容必须基于这样的基本法律原则，即"所有墨西哥人在法律条文和司法机构面前一律平等，拒绝赋予任何个人任何司法特权，尊重墨西哥民族的多元文化源于其土著人民这一基本原则。

4. 宪法修正案代表土著人民与国家在改革框架内建立的新关系的核心要点，因此土著人民的诉求理应得到法治理念的支持。

## II

1. 在承认土著人民的自决权以及由此产生的法律、政治、社会、经济和文化方面权利的基础上，建立一种新法律框架，这种新法律框架为土著人民和国家架起新关系的桥梁。修订后的宪法条文应当包含土著人民自治权的法律框架。

2. 上述法律框架必须建立在承认土著人民自决权的基础上。土著人民应被理解为这样的群体：其社会的历史延续性可追溯到欧洲侵入者到来之前；他们借助自身不同的文化、社会、政治和经济特点，保留着其土著身份和相应的身份意识，并且有意愿保持其土著身份和身份意识。正是上述特点赋予土著人民特殊身份，也因此赋予了他们自决的权利。

作为构成民族国家框架的一部分，自治权是行使自决权的具体表现。因此，土著人民可以决定他们自治政府的形式以及其建设政治、社会、经济和文化组织的方式。应尊重土著人民在新自治宪法框架内的任何领域任何层面，行使其自决权的权利，并且根据每个联邦州的特殊和具体情况，该项权利可以适用于一个或多个土著民族族群。土著人民行使其自治权，将有助于我国的统一和民主化生活，将有力地捍卫我国的主权。

土著民族作为群体，有其独特的文化，并且在民族国家框架内有能力处理自身内部重要事务，土著民族群体的自治权，作为其基本要求之一，应当予以承认。

对土著民族自治权的承认是基于联邦参议院批准的《国际劳工组织第169号公约》。因此，这种承认是基于对土著人民从历史标准和文化身份两方面的综合定义。

3. 国家法律必须承认土著人民享有自决权和自治权。

4. 建议联邦国会应通过国家法律，承认土著社区为公法实体，承认在以土著人口为主的城市里的自由结社权利，在其他城市以协调土著活动为目的的结社权利。

主管单位应有序地进行资源调拨，使土著社区能够自行管理为其拨付的公共资金，并且加强土著人民在政府部门、管理部门和行政部门中不同领域和不同层级的参与度。

各联邦自治州的立法机关可以在土著人民定居的区域推行土著人民的区域自治，此举应在参考当地居民意见的基础上进行。

为了加强联邦条约，不仅要重新彻底审查联邦政府与各州政府之间的关系，而且还要重新审查上述两级政府与各自治区域之间的关系。

提议不应将土著人口占多数的自治区域视为特殊类型，此类自治区域应以自治区域这一政治机构的一般概念框架为基础，一方面促使土著人民融入城市生活和参与城市建设，同时鼓励和协助土著社区积极参与城市权力机构。

从土著人口占多数的自治区域角度考虑，同时也为了重申完全意义上的自治城市概念（联邦制即是建立在此完全意义上的自治城市概念基础之上），有必要从宪法角度加强此类自治区域的职能职责，从而：

a. 赋予自治区域保障土著人民履行其自治权的职能。

b. 对《自治区域组织法》（ *la Ley Orgánica Municipal* ）中规划的自治区域组织进行重新审查，引导自治区域适应未来发展的新挑战，特别是适应土著人民的需要和新组织形式。

5. 联邦国会和州立法机关应承认并确立土著人民自决的特色以及其自治的程度和形式，在此过程中牢记以下要点：

a. 土地和环境。所有土著人民都居住在一片土地及其周边环境之上，该土地及其周边环境涵盖了土著人民以某种方式占据或使用的整个区域的一切。这片领土是他们作为一个民族繁衍后代的物质基础，是人、土地和自然三者不可分割的统一体的具体体现。

b. 权利行使范围。土著人民权利的行使范围是指土著人民行使其权利的时效性和有效性的空间领域、物质领域和个人领域。国家应承认土著人民权利的行使范围的存在。

c. 职能部门。有必要按照联邦、州和自治区域三级政府的机构形式（在土著民族自治区域）设置职能部门，同时将墨西哥国家政府在政治、行政、经济、社会、文化、教育、司法、资源管理、环境保护等方面的权力分配到新设置的职能部门中，以便及时响应土著人民的要求和需求。

同样，有必要根据《联邦政府和"萨民解"应提交给国家相关议事和决策机构的联合声明》文件第 5.2 条[1]的指导方针，明确可以转移给土著人民和社区的权力、职能和资源，同时明确这些社区和人民参与政府机构的具体方式（特别是在市一级政府机构），加强他们与这些机构之间的互动和协调行动。

d. 自主发展。应当由土著人民和土著社区自己决定他们的发展计划和项目。因此，地方和联邦立法机构应当引入适当机制，鼓励土著人民参与各个层面的发展规划；此类发展规划应根据他们的愿望、需求和优先考虑事项进行设计。

e. 参与国家和联邦州代表机构。应尊重他们不同的社会文化特征，确保土著人民在立法领域和各级政府中的国家和地方政治代表权和参与度，构建新的联邦制。

建议联邦大会在宪法与政治改革中，承认土著妇女拥有与男性平等参与各级政府和土著人民未来发展的权利。

6. 提议联邦国会和各州立法机关，在承认土著人民的自治和确定其自决程度时，应考虑上述两点所包含的主要权利，并建立必要的机制以保证土著人民能够自由行使这些权利。这些权利应包括以下重要内容：

a. 发展其特殊形式的社会、文化、政治和经济组织的权利；

b. 获得针对其用以监管和惩罚的内部规范制度的认可，前提是上述内部规范制度不侵犯宪法和人权，尤其是妇女的各项权益；

c. 获得更便捷的国家司法服务；

d. 对自然资源的集体使用权和占有权，直接控制权属于国家的除外；

e. 促进其文化身份和文化遗产各种组成部分的发展；

f. 与各级政治代表、政府和司法部门进行互动；

g. 同意与本民族人民的其他社区或其他民族社区共同努力，协调行动，推进资源优化，推动区域发展项目，在总体上促进和维护他们的利益；

---

1 即"应通过国家法律，承认土著社区为公法实体，承认在以土著人口为主的城市里的自由结社权利，在其他城市以协调土著活动为目的的结社权利。主管单位应有序地进行资源调拨，使土著社区能够自行管理对其分配的公共资金，并且加强土著人民在不同领域和不同层级的参与度。州立法机构可以在其认为适当的时候，将职能和权力移交给土著社区"。

h. 根据每个民族的特殊习惯和传统，自由任命其社区内和市政府机构中的代表，以及其民族的权威人士或机构；

i. 促进和发展他们的语言和文化，以及他们政治、社会、经济、宗教和文化方面的习俗和传统。

## Ⅲ

1. 扩大政治参与度和代表权。加强直辖市的职能职权。应在宪法层面增加相应机制，以便：

a. 确保土著人民和社区在联邦议会和地方立法机构中有足够的政治代表程度，该程度标准应同时适用于划定包含土著人民和社区的选举区；

b. 允许他们可以在不参加任何政党的情况下参与选举；

c. 保证土著人民有效参与上述活动的宣传和监督；

d. 保证土著人民和社区的选举或任命程序的组织工作在其内部范围进行；

e. 承认社区办公室和其他组织形式的制度系统，承认代表任命方式，承认议会和人民协商机构的决定；

f. 规定土著人民和社区的市政代理人或其他相关人员，应由相应的人民或社区选举或（如条件允许）直接任命；

g. 应在州一级立法中设立相关机制，允许在相关地区的居民要求之下，审查和（在必要时）变更其所在自治区域的名称。

2. 保证完全司法服务途径。国家应保证土著人民享有完全司法服务的途径，并承认和尊重其内部规范制度，保证充分尊重人权。此举有助于国家实体法系统在充分理解"土著人民和社区存在内部争端"这一事实的情况下，承认土著人民解决其内部争端的权力、规则和程序，以便土著人民根据其内部制度开展司法行政，并以简便程序使他们的裁定结果得到国家司法机关的认可。

承认社区、土著人民和自治区域内指定部门的管辖权范围。此举应基于对国家司法权力的再分配，从而使上述指定部门有权解决其内部争端。对土著人民和社区内部争端的承认和解决将有助于改善司法行政和法律执行。

针对土著人民生活地区的边缘化和他们诉诸司法服务的弱势现状，有必要深入审查联邦及各州的司法框架，以保证土著人民群体和（在适当的时候）群体其中成员获得有切实的司法服务途径，从而避免上述人群遭受片面司法的侵害。

作为对土著人民内部管理制度的丰富和巩固，立法修正案应规定，在对土著人民成员实施处罚时，应考虑被制裁个人的经济、社会和文化特征，优先考虑监禁以外的其他惩罚措施；在条件允许的情况下，应同意他们在离家最近的服刑场所服刑；在条件允许的情况下，应鼓励他们重新融入社区，并以此作为其重新适应社会的基本条件。

应重视土著社区的习俗和司法实践，作为适用于其处理争端时所适用的程序和解决的法律渊源；此外，作为宪法保障，在涉及土著人民的联邦和地方审判中，上述内容也应予以考虑。

3. 了解和尊重土著文化。有必要在宪法层面赋予所有墨西哥人接受多元文化教育的权利，这种教育承认、传播和促进土著人民的历史、习俗、传统和一般文化，他们是我们民族认同的根源。联邦政府应制定促进各州土著语言享有与西班牙语相同的社会价值所必需的法律和政策，并应促进实践的发展，以防止在法律和行政诉讼中对其进行歧视。联邦政府承诺促进、发展、保护和实践土著语言的教育；鼓励学习本民族语言的读写能力，采取措施保障这些人学习和掌握西班牙语的机会。了解土著文化可以丰富民族文化，是消除对土著人民的不理解和歧视的必要步骤。

4. 全面的土著教育。各国政府同意尊重土著人民在其文化领域内的教育事业。相应的财政、物质和人力资源应得到公平分配，以帮助和促进土著社区和人民开展教育和文化活动。

国家应保障土著人民接受免费和优质教育的权利；同时鼓励土著社区和人民根据土著人民和有关当局事先商定的学术和专业绩效标准，参与教师的遴选、聘用和解聘工作，并设立相关委员会监督其在教学机构框架内的教育质量。

应保障土著人民接受双语和跨文化教育的权利。在与土著人民协商后，各州应当有权定义和开发包含当地特色内容的教学课程，当地土著人民可以通过这些教学课程认识自己的文化遗产。通过教育可以促进土著语言的使用和发展，同时可以鼓励土著人民和社区参与其中，此举符合《国际劳工组织第 169 号公约》的相关精神。

5. 基本需求的满足。国家应发展相关机制，保障土著人民对食物、健康、住房和不低于基本幸福感水平的需求。社会政策应提供优先方案，改善土著儿童的健康和营养标准；还应在平等的基础上支持妇女培训，扩大她们对家庭和社区组织和发展的参与。在制定有关土著人民经济、政治、社会和文化发展项目的决策时，应优先考虑如何使土著妇女也能参与其中。

6. 生产与就业。从历史的角度看，过去的发展模式一直未能重视土著人民的生产系统。因此，今天应鼓励积极开发土著人民的潜力。

土著人民对其以某种方式占据或使用的区域内的自然资源有可持续性利用的权利，和占有因开发利用这些资源所产生的利益的权利。因此，有必要在墨西哥联邦和各州法律体系内努力争取上述两项权利，从而从整体上克服经济落后和孤立的状况；此外还需增加和调整社会支出。

国家应促进土著人民发展经济基础，并保证他们能参与制定旨在改善其生活条件和基础服务渠道的相关策略。

7. 保护土著移民。国家应制定具体的社会政策，保护本国境内和境外的土著移民。这些土著移民保护政策应在负责妇女工作教育和青少年儿童保健与教育的相关机构支持下配合实施；在农村地区，应重视与长期输出和输入农业务工人员的地区保持协调和配合。

8. 传播媒体。为了鼓励从社区到国家层面的跨文化对话，使土著人民之间以及他们与社会其他人之间建立新的积极关系，应为这些土著人民提供相应的传播媒体，另外传播媒体同时也是其文化发展的关键工具。因此，应建议相关国家机构制定新的通信法，允许土著人民建立、运行和管理他们自己的通信媒体。

在土著社区和人民要求下，联邦和州政府应努力使土著主义传播媒体（comunicación indigenistas）转变为真正的、土著人民的传播媒体（comunicación indígen）。

在土著社区和人民的明确要求下，联邦政府应向相关机构建议将隶属于国家土著研究所（INI）的 17 个广播电台分别移交给其所在地区的土著社区，同时移交相关许可证书、基础设施以及各类资源。

另外，需要建立一个新的媒体法律框架来思考以下方面的问题：国家的文化多样性；在媒体中使用土著语言的权利；回复权；对表达、信息交换和交流三项权利的保障；以及土著社区和人民民主参与媒体传播领域的决策机构。通过设立通信监察员（Ombudsman of Communication）或公民通信委员会（el Consejo Ciudadano de la Comunicac），让有关各方能够参与媒体传播领域的决策机构的平民化进程（ciudadanización）。

Ⅳ

土著人民、国家和社会其他各界三者之间的新关系必须建立在接受以下原则的基础上：

1. 多元主义。墨西哥社会中不同民族和文化之间的关系建立，应以尊重差异为基础，以尊重平等为前提。因此，国家应制定政策，规范三者之间的互动，鼓励社会采取多元化取向，从而有效地打击一切形式的歧视，纠正经济和社会领域的不公平。同时，应推进新法律秩序的建设。新法律秩序应从多元文化中获取营养，反映跨文化对话机制，它应当既是所有墨西哥人共同遵守的标准，同时又尊重土著人民的内部规范制度。

2. 自决。土著人民在不损害国家主权的情况下，在为其制定的新规范框架内，可以坚持和自主实行差异化自治。土著人民以上述方式在不同领域和层面实行自决的权利，国家应予以尊重。此举同时包含对土著人民文化身份和社会组织形式的尊重。同时，还应认识到土著人民和社区有能力决定其自身发展。在土著人民尊重国家和公共利益的前提下，墨西哥国家各级政府和机构不得单方面干预土著人民和社区的事务和决定、他们的组织形式和代表形式，以及他们当前的资源开发计划。

3. 可持续性。保持土著人民"土地"上的自然和文化环境的延续性至关重要且紧迫。应以法律形式承认，当国家在开采自然资源时，如对土著人民和社区的生存环境造成破坏并危及其文化延续性时，应给予相应的补偿和安置。如果土著人民生存环境已经遭到破坏，且受影响人认为所给予的补偿和安置不足以弥补其文化延续性所遭受的损害时，针对此类案件应推动相应审查机制的建立，由国家和受影响人共同进行具体案件分析。针对上述两种情况，补偿和安置机制应尽力确保土著人民和社区的可持续性发展。同时，通过与土著人民达成共同协议的方式，国家应积极采取"土地"生态恢复措施，并支持土著人民主动创造条件，保障其生产生活实践的可持续性。

4. 协商一致。与土著人民相关的政策、法律、计划和公共行动，应与他们协商制定。国家应促进与土著人民生活有密切关联的各种机构和各级政府采取统一和同步的行动，避免因各自为政导致公共政策相互矛盾的片面做法。为确保公共行动符合不同土著民族群体的具体特征并防止向其强加"一刀切"式的政策和计划，应保证公共行动的各个阶段（包括启动、规划和评估阶段在内）都有土著人民的参与。

此外，要逐步、有序地将权力、职能和资源向自治区域和土著社区转移，使相应的公共资金分配工作在相关自治区域和土著社区的参与下进行。如果资源存在分配问题时，所涉及的资源可以转移到如《联邦政府和"萨民解"应提交给国家相关议事和决策机构的联合声明》第 5.2 条所述的组织和协会等形式之下。

由于土著地区政策不仅应与当地土著人民共同制定，而且还应在其参与下进行实施，因此在上述地区运作的现有土著和社会发展机构应转变为由土著人民与国家一道，共同设计和协调运作的新机构。

5. 加强联邦制和民主分权。根据《联邦政府和"萨民解"应提交给国家相关议事和决策机构的联合声明》第 5.2 条的相关精神，国家与土著人民之间新关系的建立包含联邦和各州机构将权力、职能和资源下放到自治政府的过程。在此过程中，经由土著社区和广大人民群众的积极参与，土著人民的主动性将得以发挥。

## V

### 宪法及相关法律的修订

在土著人民与国家之间建立新关系的基本点是在国家和联邦各州层面构建新的法律框架。修正宪法的目的是承认土著人民的权利，通过创造性的立法精神来制定新的政策，为土著人民所面对的社会问题提供真正的解决方案，因此，我们建议修正内容应包含但不限于以下一般要素：

a. 对土著社区和人民的自治立法，内容包括：承认土著社区为公法实体，土著社区和人民自由并入以土著人口占多数的自治区域的权利，以及若干自治区域联合以协调土著人民活动的权利。

b. 考虑到不同土著人民和社区的具体特点，同时为了建立规范土著财产制度和促进文化凝聚力的程序和机制，根据《国际劳工组织第 169 号公约》中对"土地"概念的定义，应立法"保证保护属于土著群体的'土地'完整性"。

c. 在自然资源的开发和利用方面，建立针对土著社区的优惠制度，使其从对自然资源的开发和利用中获得利益。

d. 立法规定土著男人和女人在立法机构，特别是联邦国会和当地立法机构中拥有其代表的权利；在划定包含土著社区和人民的选举区时应采用新的划定准则，并允许根据相关法律举行选举。

e. 立法规定土著人民拥有在其自治范围内，根据自己的规则进行选举和行使职权的权利，并保障妇女能够在平等条件下参与选举活动。

f. 在法律文本中加入墨西哥多元文化性的相关内容，反映跨文化对话机制。跨文化对话机制既包含所有墨西哥人共同遵守的标准，同时又尊重土著人民的内部规范制度。

g. 宪法确保人人都应履行义务，不得以种族或民族血统、性别、信仰或社会地位为由对任何人进行歧视。歧视因此可能被定性为犯罪。

同时还应确保土著人民有权保护其圣地和仪式中心的权利，以及使用严格用于仪式目的的神圣植物和动物的权利。

h. 立法规定，不得损害土著人民享有的特定承诺、特定权利和人身自由等。

i. 立法保障土著人民拥有自由实践和发展其文化的权利，和接触通信媒体的权利。

## 文件 3.1

### 恰帕斯州政府、联邦政府和"萨民解"
### 在《议事规则》第 1.3 点指导下对恰帕斯州的承诺
#### 1996 年 2 月 16 日

### I

*对恰帕斯州宪法提出修正的提议*

将被写入合众国宪法中的土著权利也应在恰帕斯州宪法中包括政治、经济、社会和文化等各个层面上得到明确提出。

土著人民和社区与国家之间的新关系需要保证和保障新的土著权利。除了在当前对话阶段的框架内已经指出的宪法修正内容之外，这一目标在提交州立议会之前，还需要州立法机构对恰帕斯州宪法以及由州宪法产生的法律法规进行修订。

因此，需要对州宪法的若干条款进行修正，承认和保障土著人民的基本权利。以下是根据联邦宪法修正内容所列出的，应纳入恰帕斯州立法系统的立法提案中心主题。

### 承认自治的宪法框架

赋予土著人民自决权和自治权，将其视作具有不同文化的群体，有能力在民族国家框架内对其自身重要问题做出决定。

将根据合众国宪法的增补和修正内容，推进对土著人民自治权的进一步肯定。

将推进对恰帕斯州多元文化构成的承认，该州最初是建立在土著人民的基础上；土著人民应被理解为这样的群体：其社会的历史延续性可追溯到欧洲侵入者到来之前；他们借助自身不同的文化、社会、政治和经济特点，保留着其土著身份和相应的身份意识，并且有意愿保持其土著身份和身份意识。正是上述特点赋予了土著人民特殊身份，也因此赋予了他们自决的权利。

在制定自治宪法框架时，应在设计中体现土著人民自决和自治形式的具体特色。这些特色必须能够完全反映土著人民在多样性和法律地位上的实际境况和未来诉求。

应承认土著人民拥有以下权利：

a. 使用、促进和发展他们的语言和文化，以及他们的政治、社会、经济、宗教和文化习俗和传统的权利。

b. 实践、运行和发展其特定形式的政治、经济和社会组织的权利。

c. 在他们居住的社区和自治区域中，其自治政府的管理方式有权受到尊重。土著的选举活动应符合各个民族的特定传统。

d. 通过其自治政府机构或相关行政机构，使用和占有其"土地"上的自然资源的权利，但战略地带的资源和专属控制权属于国家的资源除外。

e. 土著人民和社区认可的传统权威人士或机构应受到肯定的权利，以及承认他们享有与现行法律相一致的司法空间的权利。

f. 在涉及土著人民的审判和诉讼程序中，土著人民的习惯、习俗和解决冲突的内部规范系统将被考虑在内的权利。

g. 参与设计其居住的社区和自治区域的发展计划、项目和方案的权利。主管单位应有序地进行资源调拨，使土著社区能够自行管理其被分配到的公共资金，并且加强土著人民在政府部门、管理部门和行政部门中不同领域和不同层级的参与度。

h. 发展自己的劳工组织方法及其备选方案的权利。

为土著妇女设置相关权利和适用机制，使其能与男性平等参与有关土著人民治理和发展的所有事务，并在经济、教育和卫生保健方面获得优先照顾。

同时，恰帕斯州政府应促进和保护土著家庭的组织和发展，支持并承认土著家庭的传统构成方式。

此外，还应结合土著人民解决冲突的实践和方法，为土著人民在土地、民事、刑事和行政诉讼程序等方面构建获取国家司法服务的途径；一旦国家宪法的修正案获得通过，恰帕斯州有义务根据新修订的国家宪法做出相应调整。

承认基于土著人民自决权的自治是保障上述权利得到行使的基本条件。我们提出应承认土著社区自由并入以土著人口占多数的自治区域的权利，以及若干自治区域联合以协调土著人民活动的权利。

恰帕斯州宪法第四条应根据上述内容进行相应修订。

### 城市的重新分配

恰帕斯州自治区域的划分更新将通过自治区域改革委员会推动。该委员会根据本文件第Ⅱ章[1]相关精神建立。

总统承诺支持该委员会通过的所有决议，并将决议提交给立法机构，废除目前要求的、"需得到半数城镇议会同意"这一条件。

恰帕斯州宪法第三条应根据上述内容进行相应修订。

### 扩大政治参与度和代表权

国家内部不同的地域组织，以及政治和行政组织的基础是独立的自治区域。

自治区域将通过由直接普选选出的议会和土著议会共同管理。土著议会的成立应依据实际做法和风俗习惯、土著议会以往的实践惯例以及恰帕斯州现行选举法的相关内容。土著议会的成立时间将另行确定。

在宪法新修订内容的施行过程中，土著社区和人民的新组织形式将会产生，因此应对诸如国家土著委员会（Consejo Indígena Estatal）等组织机构予以废除或改革。

---

1 即 3.2《行动与措施：恰帕斯州政府和联邦政府，与"萨民解"一道为恰帕斯州做出的联合承诺和提案》。

恰帕斯州宪法第二十九条和第五十八条应根据上述内容进行相应修订。

### 土著人口占多数的自治区域

在土著人口占多数的自治区域，应承认土著人民和社区有权根据他们的实际做法和风俗习惯任命其民俗传统和自治区域的权威人士或机构，有权将相应的司法有效性赋予土著社区的相关机构及其实践惯例。

尤其应重视在收费系统、公共集会系统、公众协商系统和议会的公众旁听制系统中重要的土著人士。

土著人民和社区在自治区域的代理人应由所代理的人民和社区选举和罢免，不应由自治区域长官直接任命。

应尽可能提前制定相应机制，使土著人民和社区可以在不参加任何政党的情况下参与选举。上述机制应保证达到有效的人数比例的当地土著人民参与公民选举委员会和对选举过程的宣传和监督。

作为明确的法律权力主体，土著人口占多数的社区和自治区域可以举行会议和建立协会，以便开展区域性行动，优化各方力量和资源分配，提高管理能力、发展能力，以及协调土著人民行动的能力。主管单位应有序地进行资源调拨，使土著社区能够自行管理为其拨付的公共资金，并且加强土著人民在政府部门、管理部门和行政部门中不同领域和不同层级的参与度。

在土著人口占多数的自治区域，应尊重当地具体规定任职期限的实际做法和风俗习惯。

土著人口占多数的自治区域可向地方议会提出为其自治区域命名的要求。

如果土著人口占多数的自治区域市政当局存在违法和渎职等行为，或违背该自治区域的实际做法和风俗习惯等行为，该自治区域可以拒绝接受市政当局的做法和决定，地方议会将尽可能尊重和支持该自治区域的决定。

恰帕斯州宪法第五十九条和第六十条应根据上述内容进行相应修订和补充。

### 保障享有完全司法服务的权利

立法、行政和司法当局在其职权范围内，如遇其必须直接干预的情况或发布与土著人民相关的决议时，根据墨西哥合众国政治宪法所赋予土著人民的权利，应切实考虑土著人民的文化状况、内部规范制度，以及其他相关特殊或具体情况。

在一般程序案件和刑事案件中，从初步调查阶段开始，土著人民可以得到以下保障：

a. 在陈述和做证时使用自己的土著母语，其内容应被完整记录并翻译成西班牙语。以土著语言提供的陈述和证词书应记录在录音带上，上述录音应与其他相关文件一起保存，以备在必要时查验。

b. 土著口译员须经土著人民明确表达批准方可任命。土著口译员应掌握当地土著语言和西班牙语，传播和尊重当地文化，并了解当地的土著法律制度。

c. 法院指派给土著人民的辩护律师应了解土著语言、文化及其法律制度。

d. 在必要情况下，应参考人类学专家的相关报告，参考当地土著人民的实际做法和风俗习惯，以及其他任何可能对司法意见产生影响的文化因素。在专家指派工作中，应优先指派土著权威人士，或将其作为顾问专家。

恰帕斯州宪法第十条应根据上述内容进行相应修订。

现行国家政治宪法第十一条所称的"政治权利中止"的理由，仅适用于剥夺各级选举中的选举权或被选举权。在该条第二节的情况下，"政治权利中止"仅适用于剥夺人身自由且不得假释的判决。上述权利在引发其中止的原因停止时完全恢复。

恰帕斯州宪法第十一条应根据上述内容进行相应修订。

承认和确立土著人民发起制定法律法令的权利。制定与土著人民相关的法律法令时，应由自治区域当局或以民众倡议[1]形式，向本地[2]议会提交相关议案。

恰帕斯州宪法第二十七条应根据上述内容进行相应修订。

关于土著社区和自治区域在国家公共事业部（Ministerio Público）的代理人问题，应从当地人民列出的代理人候选名单中选出。如果代理人存在违法行为，一经证实，则可以免去其职务，其行为将受到社区和自治区域相关部门的谴责。

恰帕斯州宪法第四十八条应根据上述内容进行相应修订。

在合众国宪法修正案的框架内，提议在土著社区的自治事务方面，赋予

---

1　"民众倡议"（iniciativa popular）也称"公民倡议""大众立法倡议"等，是一种直接民主的机制。公民可以向立法机关提交倡议书，提议制定或修改法律法规，由立法机关决定是否就所提出的倡议进行全民投票。

2　在《恰帕斯州政府、联邦政府和"萨民解"在〈议事规则〉第1.3点指导下对恰帕斯州的承诺》中，"local"一词翻译为"本地"，特指"恰帕斯州"，以区别前文中"当地"一词。

土著人民自治机构特定的职能权限和管辖范围。

恰帕斯州宪法第五十六条应根据上述内容进行相应修订。

**土著双语跨文化教育**

承认恰帕斯州的多元文化构成，承认土著人民尊重、促进和传播其文化的重要构成元素的权利。因此，一方面，需要将当地宪法与恰帕斯人民接受教育的权利、联邦宪法第三条的文字与精神，以及和《普通教育法》的相关规定相结合；另一方面，根据联邦宪法的修订框架，地方的教育改革有必要考虑以下几点：

a. 恰帕斯州人民所接受的教育，应传播和发展那些反映我们文化根源和民族认同的历史、习俗、传统以及价值元素。

b. 土著教育应是双语和跨文化的。

c. 国家应保证土著人民接受的是一种尊重和发挥其知识、传统和组织形式的教育。

d. 尊重土著人民在其文化认识层面进行教育工作。

e. 在学习计划和学习方案的组织和制定过程中，如果涉及当地区域内容和文化多样性内容，土著人民应有优先参与权。

恰帕斯州宪法第四条应根据上述内容进行相应修订。

## II

**对修正恰帕斯州其他法律的提案**

关于对其他法律的修订，要求州议会应修订规范性司法框架，使之与即将完成的上述宪法修正内容保持一致。

恰帕斯州政府承诺在立法时机成熟时，在其职权范围内迅速对恰帕斯州其他法律进行修订。特别提出以下应修订的法律：《恰帕斯州民法典》（ *el Código Civil para el Estado de Chiapas* ）、《恰帕斯州自由主权州刑法典》（ *el Código Penal para el Estado Libre y Soberano de Chiapas* ）、《恰帕斯州司法系统组织法》（ *la Ley Orgánica del Poder Judicial del Estado de Chiapas* ）、《恰帕斯州自治组织法》（ *la Ley Orgánica Municipal del Estado de Chiapas* ）、《恰帕斯州选举法》（ *el Código Electoral de Chiapas* ）。

同样，在相应的立法程序中，联邦政府将促进对后续出现的宪法修正内容的跟进，并将新修订的内容纳入墨西哥实体法。

州政府将在本地议会推动一项关于制定《正义与土地发展法》的提案，其中包括分割和惩罚大地产所有者的工具性任务。同时，建立必要的条件，以便农业核心区域[1]（núcleos agrarios）、土著社区和土著人民可以依据《国际劳工组织第 169 号公约》第 13.2 条和第十四条的相关内容，通过利用其土地上的资源谋求发展。

建议土地方面的相关审查应基于在"福祉与发展圆桌会议"（la Mesa de Bienestar y Desarrollo）所达成的共识和协议。上述建议是在此次对话的《议事规则》指导下提出的。

文件 3.2

### 行动与措施：恰帕斯州政府和联邦政府，与"萨民解"一道为恰帕斯州做出的联合承诺和提案

1996 年 2 月 16 日

**政治参与度和代表权**

创立恰帕斯自治区域改革和行政区划重置委员会（la Comisión para la Reforma Municipal y la Redistritación en Chiapas）。该委员会由来自地方议会中所有政党的代表，连同"萨民解"代表、州政府代表以及全州土著社区和土著自治区域代表共同组成。

该委员会负责制定更理想、更深远和更有效的办法，并将其以更切实和更诚挚的方式融入恰帕斯州丰富的民族、文化和社会多样性的内涵之中。

该委员会的目标是制定并向州议会提交一项改革提案，修改本地宪法第三条和第十六条，同时修改《恰帕斯州选举法》的相关部分，以及修改《自治区域组织法》中涉及本州内所划定的自治区域与选区的相关内容。为此，委员会将进行相关的技术研究和必要工作。

这项改革应保证选举过程更加公平透明；应承认土著社区有权根据他们的实际做法和风俗习惯任命其民俗传统的和自治区域的权威人士或机构；

---

1 "农业核心区域"是指一块由区域成员共同拥有和使用的土地。在墨西哥，约有 3 万块农业核心区域登记在册，超过 500 万人在农业核心区域劳动。农业核心区域的类型分为合作农场和社区农场两类。

应将相应的司法有效性赋予土著社区相关机构及其实践惯例，使其可以在不需要政党参与的情况下，按照具有包容性的方案，任命权威人士或机构进行磋商。

这项改革还应保证居住在本州中以非土著人民为主的城市中的土著民族群体享有其相应的政治代表权，使他们可以按照一定人数比例参与自治区域议会甚至本州议会。

### 保障土著人民享有司法公正的权利

根据《国家人权委员会法案》（*La Ley de Comisión Nacional de los Derechos Humanos*，*CNDH*）第五条，在国家人权委员会中增设第四总检查委员会（la Cuarta Visitaduría General），专门负责土著事务。为此，应对国家人权委员会内部法规进行相关修订。

该检查委员会应立即着手审查因处于审判过程中或已被判刑而被剥夺自由的土著人的状况。该委员会应在其职权范围内，在其他受影响者、土著和农场工人组织、政府机构和组织，以及参与捍卫人权的非政府组织的协助下，建议和推进立即释放上述被剥夺自由的土著人士。

同时应启动对恰帕斯州人权委员会构成和职权的审查工作，并赋予其更大的自主权，不受本州行政和司法权力的影响，并通过增加土著社区和公民社会在该组织中的代表人数的方式扩大其人员结构。

恰帕斯州政府和联邦政府承诺建立"土地问题圆桌会议"，为土地冲突提供公平的解决方案。"萨民解"和其他社会组织代表，连同该领域的职能部门将参加上述会议。农业、本州和联邦的相关部门承诺进行土地普查，由民政部门牵头，与土著社区和人民以及社会组织一道，确定州内土地所有权的情况。

将法律、法规、条例，以及现行国际协定和条约等翻译成土著语言，并通过适当方式向土著人民传播上述文本。除通过现有的最佳分发渠道外，还建议制定一项快速分发和传播上述翻译文本的计划，该计划最好通过各社区的代表机构进行。

设立土著公诉辩护人办公室，由办公室的律师和翻译人员为有需要的土著人士提供法律咨询和代理服务。与现行的《恰帕斯州司法系统组织法》的相关内容（第六十四至六十九条）相反，公诉辩护人的工资或费用应从州政府预算中提取，其数额应足以保障其能够诚实和独立地做好相关工作。

翻译人员和公诉辩护人不仅应掌握土著语言，还必须通晓和理解土著文化，以便在了解和尊重土著文化的前提下更好地履行职责。

为了保障恰帕斯州的土著人民享有司法公正的权利，应采取以下必要措施：

a. 承认土著社区的传统上或当前的权威，承认土著社区可根据其制度和习俗解决其内部争端的权利。

b. 改组和重建检察和司法机关，特别重视为公共事业部首脑和常年工作在土著人民聚居的司法辖区一线的初审法官提供相关能力培训，使其充分了解土著文化和土著社区在解决纠纷时所采用的传统制度与实际做法。

c. 实施针对土著人民的普法工作，向其普及各项现行法律的知识，同时普及现行司法系统的架构、运行方式和组织机构。

d. 在本地议会设立立法委员会，与土著社区一道，分析现行立法体制并提出必要改革，以保证土著人民充分享有墨西哥政府提供的司法公正，同时取消可能引起针对土著人民的歧视或不公平待遇的各项法令条款。

应以立法形式明确保证人人都有义务，不以种族或民族、语言、性别、信仰或社会地位差异而歧视他人，从而使"歧视入刑"成为可能。同样，立法还应将在工作环境中违反宪法的歧视形式视为非法并加以惩处，例如：

以实物（非现金）支付劳动报酬、庄园主以奴隶或半奴隶形式压迫劳动者、强迫或限制劳动者劳动等行为。

应在相应的国家层面推动承认和维护国内外土著移民的权利。

### 土著妇女的处境、权利和文化

从恰帕斯州土著妇女的角度分析，权利问题要求世俗社会不再沉默和遗忘。为此，应改变国家制度和国家法治体系，以保障恰帕斯州土著妇女作为人类和土著人民的基本权利。

出于尊重土著妇女的尊严和人权的目的，应立法保护土著妇女的政治权利，尊重土著人民的实际做法和风俗习惯。

在自治区域的宪法框架内，承认土著妇女享有某些特定权利。

保障土著劳动者的劳动权利，尤其是那些处于弱势条件下的土著劳动者，例如在《联邦劳工法》（*la Ley Federal del Trabajo*）所描述的临时工人等。

将临时劳工的权益写入《联邦劳工法》。

审查和修改现行法律对诸如骚扰女性、家庭暴力等性犯罪的处罚机制。

对于恰帕斯州的土著妇女和儿童而言，保障其享有健康权、教育文化权、基本营养权、基本居住条件权和基本社会服务权，以及参与生产活动的权利，从而实现体面的整体发展，并且在此发展过程中应保障土著妇女的参与，保障其特殊性被纳入其中。

在不违反墨西哥合众国总宪法基本原则的前提下，墨西哥政府应遵守签订的国际条约和公约，特别是《国际劳工组织第 169 号公约》和《维也纳人权宣言》（*Vienna Declaration on Human Rights*）中关于消除对妇女一切形式歧视的内容，遵守国际人口与发展会议（International Conference on Population and Development）中关于妇女生育、健康与权利等方面的协定。

### 媒体传播的使用

墨西哥民族的多元文化性质在宪法中得到承认，并且此性质是建立在土著人民的存在这一现实基础之上。因此，管理传播媒体的法律应保证此多元文化性质得以充分表达，传播媒体也应考虑到这种多元文化性质，从而在加强墨西哥民族身份认同感的同时，实现土著人民自身的文化和社会建设目标。

为了促进从社区层面到国家层面的跨文化对话，在不同民族的土著人民之间以及土著人民与非土著人民之间建立一种积极的新关系，应为土著人民提供他们自己的交流媒体，此类供土著人民自己交流的媒体也是发展土著文化的重要工具。因此，应向有关部门提交一项新的交流媒体法案，使得土著人民能够获取、运营和管理自己的传播媒体。

在土著社区和人民的明确要求下，联邦政府应向相关机构建议将原隶属于国家土著研究所的 17 个广播电台分别移交给其所在地区的土著社区，同时移交相关许可证书、基础设施及各类资源。

联邦和恰帕斯州政府将向国家决策机构提出建议，将原隶属于国家土著研究所的土著视频中心分别移交给其所在地区的土著社区，同时移交相关许可证书、基础设施及各类资源。上述移交过程需由相关土著社区认可。

土著人民、土著社区和社会团体有权使用现有传播媒体，无论上述媒体为国家或私人所有。应向相关单位建议，在现有的传播媒体中建立固定空间，供民间团体和土著人民所用。

提议设立公民通信委员会并任命通信监察员，目的在于将公民社会作为社会沟通、实施和决策过程中的基本组成部分，以保障土著人民能够参与上述过程。

应立法强制规定在传播媒体中设立道德准则，从土著人民特殊性出发，将土著人民的文化关切放在首位，避免诋毁、种族主义或偏狭的言论，同时保障言论自由。

因为其自身优点、较低的技术要求、较高的普及率和接收率，无线电广播是农村和土著人民聚居地区文化交流和展示的理想工具。

在以土著人口为主的地区和自治区域，应保证上述地区和区域的国有广播电台收归当地土著人民所有。由当地土著人民决定上述国有电台收归工作的速度和进程，并且由土著人民从现有法律领域的重要人物或由土著人民或土著社区从内部选出上述工作的领导人选。

为了促进上述提案在州一级层面的实施，建议立即启动对广播电台南部边境之声[1]（La Voz de la Frontera Sur，XEVFS）的收归工作，该电台设在拉斯玛格丽塔斯自治市（las Margaritas），完全由当地土著人民运营。收归工作应由政府相关机构和土著社区的合法代表共同努力完成。

应在有需求的土著地区、自治区域和社区建立广播和视听制作中心。

### 教育和文化

为土著人民创建相关机构，研究、传播和发展土著语言，翻译科学、技术和文化作品。恰帕斯州政府将在短期内创建一个"国家土著语言、艺术和文学中心"（Centro Estatal de Lenguas，Arte y Literatura Indígenas）。

土著儿童的健康成长能够更好地反映我国的多元文化性，更好地促进全社会对我国多元文化性的尊重，因此应向国家有关部门建议审查与墨西哥儿童相关的教学计划、教科书和教学材料，包括向各地西班牙语使用者教授一些当地土著语言和基本语言要素。"各州简介"丛书[2]（Monografias estatales）应在各分册中加入专门介绍当地土著语言基本特点的内容。

同时，建议相关历史书籍中所包含的内容和信息，应真实、准确、可信

---

1 南部边境之声是一家主要服务土著原住民社区的电台，以西班牙语和当地土著语言播报为主。该电台成立于1987年。

2 "各州简介"丛书编纂工作由墨西哥公共教育部主持，由多个领域的专家和学者共同编纂。丛书1987年完成，历时五年，包含32分册，每册对应一个墨西哥行政区划。

地反映土著人民的社会和文化。

联邦政府和恰帕斯州政府将在与土著人民教育密切相关的教育部门推动针对行政管理和预算分配的深入审查。

在恰帕斯州，针对完成初等教育的土著青年，特别是其中有意愿继续中等和高等教育阶段学习的学生，建立相应的支持和奖学金制度，并向有关部门建议将上述制度推广到合众国的其他地区。

在土著地区建立高等教育中心，促进土著文化财富的研究和传播，满足土著人民在文化方面的向往和需求。在全国的大学范围内，特别是在恰帕斯州大学中积极促进土著语言的教学和研究活动。

将向国家人类学与历史研究所提出建议，要求其审核相关法规，以便：

a. 土著人民按照相关规定可以免费进入考古遗址[1]。

b. 为土著人民提供适当培训，以使其能够自行管理上述遗址。

c. 将上述遗址的部分旅游收入交给土著人民。

d. 让土著人民有机会使用上述遗址作为其仪式活动中心。

e. 当受到大型旅游开发项目或虫蚁灾害影响时，应对上述遗址采取相应的保护措施。

将向联邦政府和州政府建议，扩大"文化遗产"概念的定义。扩大后的"文化遗产"概念应包括音乐、戏剧、舞蹈等非物质文化表现形式。

为土著传统医学创造实践空间，并为其提供足够的资金支持，同时国家三级卫生保健系统不会以此替代其相应的卫生保健义务。

州政府和联邦政府将在全国范围内开展宣传活动，以消除偏见和种族主义，并在社会层面宣传土著人民自治，以及其自决权的合法性。

州政府和联邦政府将保障在与土著事务有关的所有机构中都有土著代表。

承认和尊重土著人民，特别是在学校环境中的儿童和青年，在公共生活的所有领域穿着其传统服饰的权利。同样，文化交流项目的报道应反映土著传统服饰的精神价值和文化价值，并对土著传统服饰及其精神价值和文化价值展现其应得的尊重。

文化发展的一个基本条件是保持土著人民和他们所生活的土地之间的相互联系。考虑到这一基本条件的特殊精神意义及其极高的象征性价值，应充

---

1　原文如此。此处应该指的是"向公众开放的考古遗址或指定的开放区域"。

分保障土著人民和社区维护其土地和生存空间完整性的权利，以及对其生存环境进行合理保护和利用的权利。

土著人民的传统知识是其文化的重要遗产，对医学等许多人文领域的发展至关重要。州政府和联邦政府将致力于发掘、重视和推广土著传统知识，并给予其应有的尊重。

土著人民和社区将在州政府、联邦政府和自治区域政府的参与和支持下，承诺加强医疗保健和社会福祉的文化，在疾病生态系统的过程中真正接受人文主义和多元化的世界观。

为此目的，将为土著传统医学开辟实践区域，并且国家在不减少机构医疗保健服务义务的情况下，为土著传统医学发展提供实用资源。

土著人民和社区将在州政府、联邦政府和自治区域政府的参与和支持下，加强医疗保健和社会福祉的文化建设，倡导在推行"卫生保健与疾病诊疗相结合"系统的过程中，达到对人文主义和多元世界观的真正接受。为此，应当在为土著传统医学发展提供实用资源且不削减国家相应医疗保健义务服务的条件下，为土著传统医学开辟实践空间。

### 促进、发展和传播土著文化的机构

土著人民的文化和教育项目应在恰帕斯州和联邦政府公共支出的规划和分配中获得最高优先权，并且要求恰帕斯州和联邦政府预先承诺上述优先权的连续性、一致性和合理性。

出于对环境的尊重，以及由此产生的对土著人民生存环境的尊重，本州和联邦政府应当为土著地区的社会经济发展政策与计划制定严格的基本标准。在上述政策和计划的制定和实施过程中，土著社区应积极参与其中，以保证自然资源的合理利用，避免对民众中心、文化中心或礼仪中心等在最广泛意义上的自然和文化遗产，或具有象征意义的地理区域和场所产生任何不利影响。

应立法促进承认土著人民和社区在国家开采其自然资源对其生存环境造成损害，危及其文化发展时获得相应补偿的权利。对已经造成损害，人民能够证明所支付的赔偿不允许其文化再生产的，应建立修正机制，由人民和国家共同分析具体情况。在这两种情况下，补偿机制都将寻求确保土著人民和社区的可持续发展。根据国际劳工组织第 13.2 条的规定，国家将与土著人民达成共识，促进原住民领土内的恢复行动。

以土著人民的利益和传统为出发点，在设计、规划、执行、管理和监督与土著社区、人民和地区相关的行动和政策过程中，加强土著人民的参与和领导。为此，土著人民将和恰帕斯州和联邦政府一道，对与其生存环境密切相关的发展、教育、文化机构及其他相关部门进行深入审查和改组。

# 附录3　2018 年墨西哥各州土著人口教育情况总览

## （全国册）

**国家教育评估研究所　联合国儿童基金会（UNICEF）　编**

本出版物由信息整合与分析总局（Dirección General para la Integración y Análisis de Información）编写，其内容、出版形式，以及全书和单页版式归国家教育评估研究所和联合国儿童基金会所有。允许以机械或电子形式或手段对本出版物进行非商业目的的全部或部分复制，复制请注明来源：国家教育评估研究所　联合国儿童基金会（2019 年）

**内容**

- 简介
- 标准框架
- 体制框架
- 相关国情环境概况
- 参考文献
- 专有名词首字母缩略词
- 备注缩略词

**简介**

2013—2018 年，我们连续出版了《墨西哥土著人口教育情况总览（PEPI）》和《墨西哥土著人口教育情况总览简报》系列年鉴，这是我国为土著民族教育权利状况建立指标体系这一长期过程结出的丰硕成果。此次，同时也是首次问世的《墨西哥各州土著人口教育情况总览》（PEEPI）将是我国土著人口教育情况总览系列的又一新成果。

《墨西哥各州土著人口教育情况总览》将分析的视点从国家概况（宏观层面）转向各州概况（中观层面），其目的是为各州教育系统提供信息，以便其能够针对土著民族教育进行实用、严谨和及时的分析。这也是符合近期新修订的宪法第三条的精神，该条规定国家有义务提供公平的跨文化多语言教育。

　　除了本册（即全国册）外，本系列出版物还出版了各州分册。所有分册的指标和数据来源主要基于 2015 年发布的《上年度人口普查分析报告》（*Encuesta Intercensal 2015*）和 2017—2018 学年度《911 框架》[1]（*Formato 911*）的统计基础。各州信息被分为以下六个部分：社会背景；结构与范围；教育机构与教育资源；入学渠道与流程；教育过程和管理；教育成果。

　　《墨西哥各州土著人口教育情况总览》的研究分析包括：全国范围内土著民族的总体概况、人口数量和地理分布（全国概况）；各地区和自治区域土著民族的人口数量和地理分布，以及土著学生的"PROSPERA 计划"[2]助学金状况和失学状况（社会背景）；对各州教育系统、学生群体所使用的语言以及学生语言是否与其教师的语言相符合等方面的描述（结构与范围）；对土著人民的高等教育状况、接受土著教育培训的教师及其工资状况，以及学校资源等方面的关注（教育机构与资源）；土著学生的招生和审批（入学渠道与流程）；以土著学生为主的多年级学校的数量，以及各地学校监督区域内的学校组织结构（教育过程和管理）；以及学生学习成效（教育成果）。

　　我们希望这一系列与联合国儿童基金会（UNICEF）合作完成的报告将有助于为各地开展相应实地研究、制定决策；同时，有助于各州建立和执行相应政策，为确保所有儿童和青年都享有受教育的权利而继续共同努力。

**标准框架**

　　《墨西哥各州土著人口教育情况总览》是在新的教育改革框架内提出的，所依据的宪法修订内容加强了国家在保障儿童和青年受教育权利任务中的职权，其中部分职权分配具有普遍性，部分则直接涉及土著居民。

　　受教育是每个人都应该享有的一项基本人权。当前，随着宪法第三条的修订，公平教育的概念也被提出。同时，公平教育还应辅以整体学习规划和方案，以确保所有儿童和青年能够充分行使其接受教育的权利。因此，我国

---

1　《911 框架》是由墨西哥公共教育部为收集全国各教育单位的相关数据信息所发放的一系列调查问卷（当前已全面更新为电子问卷形式）。由计划与发展总局（la Dirección General de Planeación y Programación，DGPP）负责具体执行。
2　墨西哥政府为贫困家庭所设立的资助项目，该项目始于 1988 年。

将致力于采取必要措施，满足所有儿童和青年行使其接受教育的权利，打击任何因受教育者的社会经济地位、所处地区和性别而对其在入学、转学、持续学习方面的不公平现象（《联合国宪章》第二十六条，1948；CPEUM，第三条，第 2 款，e 项，2019）。

根据《"2030 年计划"的可持续发展目标》（*los Objetivos de Desarrollo Sostenible de la Agenda 2030*），国家将致力于消除"反对在获取、参与和学习成果方面一切形式的排斥和边缘化、不平衡和不平等现象"（联合国教科文组织，2016）。因此，将努力确保教育的全面性，让每个学生都能发挥最大潜力，发展其认知、社会情感和身体能力，实现健康成长（CPEUM，第三条，第 2 款，h 项，2019 年 6 月 6 日）。

我们已经认识到早期教育对后续教育潜力发展至关重要，并且相信这种潜力应当获得实现的机会。因此，初始教育阶段（即学前教育阶段）到高等教育阶段都应被纳入义务教育系统，现在基础和中级义务教育系统已经建立。国家有责任提高民众对初级教育重要性的认识；在高等教育阶段，应向符合该阶段要求的学习者提供接受高等教育的途径，并与联邦和地方当局合作，制定促进高等教育包容性、持久性和连续性的相关政策（CPEUM，第三条，第 10 款，2019 年 5 月 15 日）。

同时，国家应致力于创建性别平等和全方位面向的学习计划与方案，包括科学知识和人文知识，以及本国土著语言、艺术、体育、音乐等。此外，父母或监护人有责任确保其 18 岁以下的子女接受学校教育，并且有责任参与其子女的教育发展，关心他们的进步和表现，并始终关注他们的身心健康和成长发展（CPEUM，第三条、第三十一条，2019）。

根据土著人民相关新法规的精神，建议在保障并提高儿童和青年的入学水平的同时，继续开展跨文化教育（CPEUM，第二条，第 B 款，第 2 项，2019）。现在我们应增加一项承诺，即向土著人民和社区提供以尊重、促进和保护其历史文化遗产为基础的多语言教育（第三条，第 2 款，e 项），正如我国于 1990 年加入的《儿童权利公约》[1]（*Convention on the Rights of the Child*）第三十条所述，土著儿童和青少年有权使用自己的语言和拥有自己的文化生活。

---

1　《儿童权利公约》是第一部有关保障儿童权利且具有法律约束力的国际性约定。该公约于 1989 年第 44 届联合国大会上通过，次年在世界范围内生效。我国于 1991 年加入。

据此，《普通教育法》（LGE，2018）第七条规定了"土著语言使用者应当有机会以自己的语言和西班牙语接受义务教育"。因此，当前教育职能部门的主要任务是提供必要资源来满足优质的教育服务的需求，并且为土著语言使用者培养符合教育职能部门所设要求的教师。

### 体制框架

随着宪法的不断改革，各种机构也随之逐步建立或完善，从而更好地规划、监督或执行与弱势民众教育和关怀有关的法规。

2018 年 12 月 4 日，国家土著人民研究所（INPI）由国家土著人民发展委员会（CDI）转型而来。国家土著人民研究所有义务做好所有类型和水平的土著教育的调查和执行情况；为土著人民制定和完善具体方案和相关材料，并为"墨西哥土著和非洲裔儿童与青年在任何地区的多方位跨文化关怀"事业创造空间（INPI，第四条，第 41、42 款，2018）。

在实现其目标的过程中，国家土著人民研究所被赋予的职能有助于更好地保障土著儿童和青年的受教育权，并且上述职能也代表了在土著教育总体规范方面的一大进步，特别体现在：（1）研究所可以在尚无正规土著教育的地方协调实施土著教育，和（2）可以直接参与土著人民有关的教育计划制定、教学课程和教学材料开发。

尽管国家土著人民发展委员会的核心目标之一仍是增加教育机会，以促进在我国全部人口中更高的教育覆盖面、包容性和公平度（CDI，2014），但如何在其他不包含特别土著服务的教育层面和服务领域中保障儿童和青少年的跨文化教育这一挑战仍然存在。

随着 2019 年 5 月 15 日宪法第三条修订案的生效以及《国家教育评估研究所法》（LINEE）的同时废止，新的"国家教育持续改进系统"（Sistema Nacional de Mejora Continua de la Educación）在提供公平教育和促进公平教育目标的框架内建立。

"国家教育持续改进系统"将由一个权力下放的公共机构管理。该公共机构拥有技术、业务、预算、决策和管理方面的自主权，其任务除了专门的调查和研究之外，还包含针对国家教育系统（SEN）的诊断性、形成性和综合性评估，同时还将确定研究结果的指数标准。上述机构还将与联邦和各地教育部门合作，确保持续改善所有人的受教育权。另外，其职能还包括发布教师发展、学校改进和学校管理以及学生表现等方面的指导意见，寻找有助于改善义务教育目标的要素等责任（CPEUM，第三条，第 9 款，2019）。

### 相关国情环境概况

墨西哥是一个多元文化国家，有 68 个语言族群和 364 种语言变体，构成了 11 个美洲印第安语系（INALI，2008）。此种文化语言的多样性使我国成为一个具有多彩文化、风俗和传统的国家，但同时也使得不同族群之间的差异更为突出。从历史上看，土著人民尤其是那些仍在使用其民族语言的土著民族，他们正是在行使其社会权利时处于不利地位的群体之一，其中就包括他们接受教育的权利。

为了保证土著人民在国家教育系统（SEN）中享有与其他人相同的入学、转学、持续学习的机会，有必要让他们站到大众视野前面，认识自身特点（如语言）以及自身环境特点（如社会经济状况、地域分布）等。这些特点可以帮助国家教育系统认清其在这项任务中即将面临的各种挑战。

根据 2018 年"全国家庭收入和支出调查"（Encuesta Nacional de Ingresos y Gastos de los Hogares 2018）的结果，这项针对国情环境的调查也为我们提供了我国土著民族的基本概况，让我们认识到土著人民的各年龄段构成及地区分布。同时，2015 年发布的《上年度人口普查分析报告》也同样被用作各州相关信息的重要参考。

在本出版物中引用的人口、地域和社会方面的统计数据和指标主要关注的是 0 ~ 24 岁的人口，即初级教育、基础教育、高中教育和高等教育涵盖的主要年龄范围。因此，这些统计数据和指标能够帮助我们解答以下问题：

● 墨西哥的土著民族人口、土著语言使用者和自我认同为土著成员者有多少？

在计算土著民族人口数量方面，我国至少有三种被广泛认可的数据标准可资参考：（1）国家土著人民研究所（INPI）——其前身为国家土著人民发展委员会（CDI）——对"土著民族人口"的定义，（2）自我认同，和（3）所用语言。标准（1）是严格按照"土著民族人口"的定义进行统计，即"生活在土著家庭中的人口，即户主、配偶或长辈之一是土著语言使用者，另外还包括非土著家庭成员的土著语言使用者"（CDI，2015）；标准（2）是根据"自我认同"，主要基于对自身文化和传统的认同，认为自己是土著人士；

标准（3）是"所用语言"，统计 3 岁及以上的土著语言使用者。

这些标准既非完全互斥，亦不完全互补。根据定义，土著语言使用者是土著人口的一部分，但由于土著语言在某些核心家庭的实际生活中失去了地位，所以一些自我认同为土著成员者则不应被视为土著人口（INPI 定义）。鉴于每个标准都分别呈现了"土著人口"这一概念的不同特点，因此为全面呈现国家的多元文化，这里将介绍依据上述三种标准所获得的数据信息：

● 2018 年，墨西哥土著人口达到 1 200 万，相当于全国人口的 9.6%（表 1）。

表 1　按性别划分的国家总人口、土著人口、土著语言使用者人口、
单语人口和自我认同为土著成员者的人口（2018 年）

| 人口 | 总人口 | 男性 | 女性 |
|---|---|---|---|
| 总人口（人） | 125 091 790 | 60 741 451 | 64 350 339 |
| 3 岁及以上人口（人） | 119 608 680 | 57 955 302 | 61 653 378 |
| 土著人口（人） | 12 044 539 | 5 939 126 | 61 054 13 |
| 土著人口占总人口的百分比（%） | 9.6 | 9.8 | 9.5 |
| 土著语言使用者（人） | 7 081 685 | 3 465 419 | 3 616 266 |
| 土著语言使用者占 3 岁及以上人口的百分比（%） | 5.9 | 6.0 | 5.9 |
| 土著单语人口（仅使用土著语言者人口）（人） | 652 238 | 224 005 | 428 233 |
| 土著单语人口占土著语言使用者的百分比（%） | 9.2 | 6.5 | 11.8 |
| 自我认同为土著成员者人口（人） | 36 472 535 | 17 635 683 | 18 836 852 |
| 自我认同为土著成员者人口占总人口的百分比（%） | 30.5 | 30.4 | 30.6 |

注：调整后的变异系数大于 10%。见 2017 年墨西哥教育概况中的技术说明"精确标准"（INEE，2018c，171 页）。

资料来源：根据 2018 年全国家庭收入和支出调查计算得出（INEGI，2019）。

● 土著总人口中，土著语言使用者占 700 万人，其中 9.2% 不使用西班牙语，即只使用一种语言（土著语言）。

● 自我认同为土著成员者为 3 650 万人，略低于全国人口的 1/3（30.5%）。

● 土著民族人口、土著语言使用者和自我认同为土著成员者三种标准下的男女比例结果相近；但是，使用土著语言但不使用西班牙语（单语）的女性比例（11.8%）高于男性（6.5%）。

● 全国约有 2/5 土著人口的年龄在 0 ~ 24 岁，这是接受义务教育人口的主要年龄范围（表 2）。

表2　按年龄段划分的总人口、土著人口、土著语言使用者和
自我认同为土著成员者的人口分布情况（2018 年）

| 年龄范围 | 人口 | | | | | | | |
|---|---|---|---|---|---|---|---|---|
| | 总人口 | | 土著人口 | | 土著语言使用者 | | 自我认同为土著成员者 | |
| | 绝对数字 | % | 绝对数字 | % | 绝对数字 | % | 绝对数字 | % |
| 0 ~ 2 岁 | 5 483 110 | 4.4 | 618 412 | 5.1 | 无数据 | 无数据 | 无数据 | 无数据 |
| 3 ~ 17 岁 | 33 896 502 | 27.1 | 3 709 883 | 30.8 | 1 619 393 | 22.9 | 10 735 550 | 29.4 |
| 18 ~ 24 岁 | 14 828 929 | 11.9 | 1 469 387 | 12.2 | 758 439 | 10.7 | 4 189 232 | 11.5 |
| 25 ~ 64 岁 | 60 471 383 | 48.3 | 6 247 202 | 43.6 | 3 801 827 | 53.7 | 18 228 607 | 50.0 |
| 65 岁及以上 | 10 411 866 | 8.3 | 999 655 | 8.3 | 902 026 | 12.7 | 3 319 146 | 9.1 |
| 总计 | 125 091 790 | 100.0 | 12 044 539 | 100.0 | 7 081 685 | 100.0 | 36 472 535 | 100.0 |

资料来源：根据 2018 年全国家庭收入和支出调查计算得出（INEGI，2019）。

- 5.1% 的土著人口（618 412）处于初始教育的主要年龄范围（0 ~ 2 岁）。
- 30.8% 的土著人口和 29.4% 的自我认同为土著成员者的年龄在 3 ~ 17 岁，这是接受初中教育和高中教育人口的主要年龄范围。1/4（22.9%）的土著语言使用者也在此年龄范围。
- 18 ~ 24 岁为接受高等教育人口的主要年龄范围，在此年龄范围的土著人口、自我认同为土著成员和土著语言使用者比例依次为 12.2%、11.5% 和 10.7%。
- 土著民族人口、土著语言使用者和自我认同为土著成员者是如何按地区分布的？

人口的居住地结构特征与其所能获得的受教育机会密切相关。总体而言，农村地区的学校资源较少，部分原因是它们往往位于偏僻或难以进入的地区（INEE，2014）。

- 2018 年，49.8% 的土著人口和 59.1% 的土著语言使用者居住在农村地区，高于总人口（24.5%）和自我认同为土著成员者（35.9%）的比例（表3）。

表 3　按地区划分的总人口、土著人口、土著语言使用者和
自我认同为土著成员者分布情况（2018 年）

| 地区 | 人口 | | | | | | | |
|---|---|---|---|---|---|---|---|---|
| | 总人口 | | 土著人口 | | 土著语言使用者 | | 自我认同为土著成员者 | |
| | 绝对数字 | % | 绝对数字 | % | 绝对数字 | % | 绝对数字 | % |
| 农村 | 30 657 325 | 24.5 | 5 996 318 | 49.8 | 4 182 222 | 59.1 | 13 078 124 | 35.9 |
| 城乡接合地区 | 18 333 594 | 14.7 | 2 497 685 | 20.7 | 1 392 011 | 19.7 | 7 045 603 | 19.3 |
| 城市 | 76 100 871 | 60.8 | 3 550 536 | 29.5 | 1 507 452 | 21.3 | 16 348 808 | 44.8 |
| 总计 | 125 091 790 | 100.0 | 12 044 539 | 100.0 | 7 081 685 | 100.0 | 36 472 535 | 100.0 |

注：居民人数少于 2 500 人的地区为农村地区；居民人数在 2 500 ~ 14 999 人的地区为城乡接合地区；居民人数在 1 5000 人以上的地区为城市地区。调整后的变异系数大于 10%。见 2017 年墨西哥教育概况中的技术说明"精确标准"（INEE，2018c，171 页）。

资料来源：根据 2018 年全国家庭收入和支出调查计算得出（INEGI，2019）。

● 60.8% 的全国人口居住在城市地区，而只有 29.5% 和 21.3% 的土著人口和土著语言使用者居住在城市地区；相反，44.8% 的自我认同为土著成员者居住在城市地区。

● 哪些州的土著人口最多，特别是入学适龄人口？

土著人民分布在全国各地。2018 年"全国家庭收入和支出调查"的地理覆盖范围无法全面显示各州的精确数据，所以我们使用了 2015 年《上年度人口普查分析报告》的数据。截至 2015 年，我国土著人民分布在总共 2 457 个城市中的 2 417 个（CDI，2015）；鉴于土著族群自身的社会经济和文化特点，土著人口更多地集中在我国中部和南部地区。

● 2015 年，尤卡坦州的一半人口（50.2%）和瓦哈卡州略高于 2/5 的人口（43.7%）为土著人口；恰帕斯州和金塔纳罗奥州约 1/3 的人口（分别为 32.7% 和 32.5%）为土著人口（表 4）。

表4 各州土著人口数据（2015年）

| 联邦实体* | 全年龄段 | | | | 0～24岁 | | | |
|---|---|---|---|---|---|---|---|---|
| | 总人口（人） | 土著人口 | | | 0～24岁人口（人） | 土著人口 | | |
| | | 总人口（人） | 占本州总人口比例（%） | 占全国土著人口比例（%） | | 总人口（人） | 占本州0～24岁人口比例（%） | 占全国0～24岁土著人口比例(%) |
| 阿瓜斯卡连特斯州 | 1 312 544 | 9 306 | 0.7 | 0.1 | 639 265 | 5 105 | 0.8 | 0.1 |
| 下加利福尼亚州 | 3 315 766 | 104 088 | 3.1 | 0.9 | 1 488 668 | 54 187 | 3.6 | 0.9 |
| 南下加利福尼亚州 | 712 029 | 23 456 | 3.3 | 0.2 | 315 603 | 12 604 | 4.0 | 0.2 |
| 坎佩切州 | 899 931 | 199 335 | 22.2 | 1.7 | 410 722 | 91 113 | 22.2 | 1.5 |
| 科阿韦拉州 | 2 954 915 | 13 349 | 0.5 | 0.1 | 1 354 660 | 6 361 | 0.5 | 0.1 |
| 科利马州 | 711 235 | 10 122 | 1.4 | 0.1 | 314 454 | 5 435 | 1.7 | 0.1 |
| 恰帕斯州 | 5 217 908 | 1 706 017 | 32.7 | 14.2 | 2 743 124 | 1 035 323 | 37.7 | 16.9 |
| 奇瓦瓦州 | 3 556 574 | 139 174 | 3.9 | 1.2 | 1 631 855 | 78 016 | 4.8 | 1.3 |
| 墨西哥城 | 8 918 653 | 315 320 | 3.5 | 2.6 | 3 177 087 | 135 672 | 4.3 | 2.2 |
| 杜兰戈州 | 1 754 754 | 51 680 | 2.9 | 0.4 | 841 073 | 32 720 | 3.9 | 0.5 |
| 瓜纳华托州 | 5 853 677 | 29 863 | 0.5 | 0.2 | 2 801 867 | 15 717 | 0.6 | 0.3 |
| 格雷罗州 | 3 533 251 | 681 615 | 19.3 | 5.7 | 1 761 088 | 398 480 | 22.6 | 6.5 |
| 伊达尔戈州 | 2 858 359 | 606 045 | 21.2 | 5.0 | 1 301 511 | 289 073 | 22.2 | 4.7 |
| 哈利斯科州 | 7 844 830 | 1 029 52 | 1.3 | 0.9 | 3 609 211 | 57 490 | 1.6 | 0.9 |
| 墨西哥州 | 16 187 608 | 1 097 666 | 6.8 | 9.1 | 7 166 342 | 537 176 | 7.5 | 8.8 |
| 米却肯州 | 4 584 471 | 237 655 | 5.2 | 2.0 | 2 165 991 | 119 577 | 5.5 | 1.9 |
| 莫雷洛斯州 | 1 903 811 | 83 227 | 4.4 | 0.7 | 834 922 | 39 658 | 4.7 | 0.6 |
| 纳亚里特州 | 1 181 050 | 84 195 | 7.1 | 0.7 | 545 695 | 51 920 | 9.5 | 0.8 |
| 新莱昂州 | 5 119 504 | 121 296 | 2.4 | 1.0 | 2 227 810 | 67 832 | 3.0 | 1.1 |
| 瓦哈卡州 | 3 967 889 | 1 734 658 | 43.7 | 14.4 | 1 877 710 | 847 513 | 45.1 | 13.8 |
| 普埃布拉州 | 6 168 883 | 1 094 923 | 17.7 | 9.1 | 2 976 573 | 557580 | 18.7 | 9.1 |
| 克雷塔罗州 | 2 038 372 | 63 265 | 3.1 | 0.5 | 952 462 | 32 547 | 3.4 | 0.5 |

| 联邦实体* | 全年龄段 | | | | 0～24岁 | | | |
|---|---|---|---|---|---|---|---|---|
| | 总人口（人） | 土著人口 | | | 0～24岁人口（人） | 土著人口 | | |
| | | 总人口（人） | 占本州总人口比例（%） | 占全国土著人口比例（%） | | 总人口（人） | 占本州0～24岁人口比例（%） | 占全国0～24岁土著人口比例(%) |
| 金塔纳罗奥州 | 1 501 562 | 488 244 | 32.5 | 4.1 | 694 485 | 236 350 | 34.0 | 3.9 |
| 圣路易斯波托西州 | 2 717 820 | 370 381 | 13.6 | 3.1 | 1 270 016 | 187 457 | 14.8 | 3.1 |
| 锡那罗亚州 | 2 966 321 | 77 061 | 2.6 | 0.6 | 1 339 464 | 39 642 | 3.0 | 0.6 |
| 索诺拉州 | 2 850 330 | 145 656 | 5.1 | 1.2 | 1 284 586 | 66 368 | 5.2 | 1.1 |
| 塔瓦斯科州 | 2 395 272 | 123 604 | 5.2 | 1.0 | 1 110 170 | 61 067 | 5.5 | 1.0 |
| 塔毛利帕斯州 | 3 441 698 | 63 676 | 1，9 | 0.5 | 1 520 525 | 30 982 | 2.0 | 0.5 |
| 特拉斯卡拉州 | 1 272 847 | 86 522 | 6.8 | 0.7 | 599 468 | 39 743 | 6.6 | 0.6 |
| 韦拉克鲁斯州 | 8 112 505 | 11 013 06 | 13.6 | 9.2 | 3 560 912 | 525 872 | 14.8 | 8.6 |
| 尤卡坦州 | 2 097 175 | 1 052 438 | 50.2 | 8.8 | 925 737 | 470 958 | 50.9 | 7.7 |
| 萨卡特卡斯州 | 1 579 209 | 7 852 | 0.5 | 0.1 | 746 617 | 4 557 | 0.6 | 0.1 |
| 总计 | 119 530 753 | 12 025 947 | 10.1 | 100.0 | 54 189 673 | 6 134 095 | 11.3 | 100.0 |

注：* 此处保留原文中按各州西班牙语名首字母的排序方式。
调整后的变异系数大于10%。见2017年墨西哥教育概况中的技术说明"精确标准"（INEE，2018c，171页）。
资料来源：根据2015年《上年度人口普查分析报告》（INEGI，2015）计算得出。

● 从绝对数字来看，瓦哈卡州和恰帕斯州是土著人口数量最多的州（分别为1 734 658和1 706 017）。

● 尽管韦拉克鲁斯州和墨西哥州的土著人口数量相似（1 101 306和1 097 666），但从总体比例上看，上述两州的土著人口数量分别占所在州总人口的13.6%和6.8%，这是因为墨西哥州的总人口（16 187 608）是韦拉克鲁斯州登记总人口（8 112 505）的两倍。

● 全国有5 400万居民处于初等、基础、中等和高等教育年龄(0～24岁)；其中11.3%（610万）是土著人（表4）。

● 0 ～ 24 岁土著人口最多的 10 个州是恰帕斯州、瓦哈卡州、普埃布拉州、墨西哥州、韦拉克鲁斯州、尤卡坦州、格雷罗州、伊达尔戈州、金塔纳罗奥州和圣路易斯波托西州。这些州占 83.1% 的土著学龄人口。

各州情况的详细信息请见各州分册。

## 参考文献

● CDI. Comisión Nacional para el Desarrollo de los Pueblos Indígenas（2014）. Programa Especial de los Pueblos Indígenas 2014-2018. México：autor. Recuperado el 6 de junio de 2019, de：https：//www. gob. mx/ cms/uploads/ attachment/file/32305/cdi-programa-especial-pueblos-indigenas-2014-2018. pdf

● CDI（2015）. Indicadores de la Población Indígena. Recuperado el 17 de junio de 2019, de：https：//www. gob. mx/inpi/documentos/indicadores-de-la-poblacion-indigena

● CDN. Convención sobre los Derechos del Niño（1990, 2 de septiembre）. Recuperado el 3 de junio de 2019, de：https：//www. ohchr. org/SP/ ProfessionalInterest/Pages/CRC. aspx

● CPEUM. Constitución Política de los Estados Unidos Mexicanos（2019, 6 de junio）. Texto vigente al 6 de junio de 2019. México：Cámara de Diputados del H. Congreso de la Unión. Recuperado el 10 de junio de 2019, de http：//www. diputados. gob. mx/LeyesBiblio/pdf/1_060619. pdf

● INALI. Instituto Nacional de Lenguas Indígenas（2008, 14 de enero）. Catálogo de las lenguas indígenas nacionales：Variantes lingüísticas de México con sus autodenominaciones y referencias estadísticas. Diario Oficial de la Federación. México. Recuperado el 28 de junio de 2019, de：https：//www. dof. gob. mx/ nota_to_imagen_fs. php？ codnota=5028330&fecha=14/01/2008& cod_diario=213086

● INEE. Instituto Nacional para la Evaluación de la Educación（2014）. El derecho a una educación de calidad. Informe 2014. México：autor. Recuperado el 28 de junio de 2019, de：http：//publicaciones. inee. edu. mx/buscadorPub/ P1/D/239/P1D239. pdf

- INEE（2018）. Panorama Educativo de México. Indicadores del Sistema Educativo Nacional. Educación bá-sica y media superior. México: autor. Recuperado el 30 de julio de 2019, de https: //www. inee. edu. mx/ wp-content/ uploads/2018/12/P1B116. pdf

- INEGI. Instituto Nacional de Estadística y Geografía（2015）. Encuesta Intercensal（base de microdatos）. Recuperado de: https: //www. inegi. org. mx/programas/intercensal/2015/

- INEGI（2019）. Encuesta Nacional de Ingresos y Gastos de los Hogares 2018 Nueva serie. Microdatos. México: autor. Recuperado el 31 de julio de 2019 de https: //www. inegi. org. mx/programas/enigh/nc/2018/

- LGE. Ley General de Educación（2018, 19 de enero）. Texto vigente al 19 de enero de 2018. México: Cá- mara de Diputados del H. Congreso de la Unión. Recuperado el 8 de mayo de 2019, de: http: //www. diputados. gob. mx/ LeyesBiblio/pdf/137_190118. pdf

- LINEE. Ley del Instituto Nacional para la Evaluación de la Educación（2019, 15 de mayo）. Texto abrogado. Diario Oficial de la Federación. México. Recuperado el 3 de junio de 2019, de: https: //www. sep. gob. mx/work/ models/sep1/Resource/558c2c24-0b12-4676-ad90-8ab78086b184/ley_instituto_ nacional_evaluacion_educativa. pdf

- LINPI. Ley del Instituto Nacional de los Pueblos Indígenas（2018, 4 de diciembre）. Diario Oficial de la Federación. México. Recuperado el 3 de junio de 2019, de: https: //www. gob. mx/cms/uploads/attachment/ file/421725/ley-INPI-dof-04-12-2018. pdf

- ONU. Organización de las Naciones Unidas（1948）. Declaración Universal de los Derechos Humanos（Resolución 217 A-III）. Recuperado el 3 de junio de 2019, de: https: //www. ohchr. org/EN/UDHR/Documents/ UDHR_ Translations/spn. pdf

- UNESCO. Organización de las Naciones Unidas para la Educación, la Ciencia y la Cultura（2016）. Educación 2030. Declaración de Incheon y Marco de Acción para la realización del Objetivo de Desarrollo Sostenible 4. París: autor.

**专有名词首字母缩略词**

| 首字母缩略词 | 外文全称 | 中文翻译 |
|---|---|---|
| CDI | Comisión Nacional para el Desarrollo de los Pueblos Indígenas | 国家土著人民发展委员会 |
| CDN | Convención sobre los Derechos del Niño | 儿童权利公约 |
| CPEUM | Constitución Política de los Estados Unidos Mexicanos | 墨西哥合众国政治宪法 |
| DOF | Diario Ofcial de la Federación | 墨西哥联邦政府新闻公报 |
| INALI | Instituto Nacional de Lenguas Indígenas | 国家土著语言研究所 |
| INEE | Instituto Nacional para la Evaluación de la Educación | 国家教育评估研究所 |
| INEGI | Instituto Nacional de Estadística y Geografía | 国家统计、地理和信息学研究所 |
| INPI | Instituto Nacional de los Pueblos Indígenas | 国家土著人民研究所 |
| LGE | Ley General de Educación | 普通教育法 |
| LINEE | Ley del Instituto Nacional para la Evaluación de la Educación | 国家教育评估研究所法 |
| PEPI | Panorama Educativo de la Población Indígena | 墨西哥各州土著人口教育情况总览（全国册） |
| PEEPI | Panorama Educativo Estatal de la Población Indígena | 墨西哥土著和非洲裔人口教育情况总览 |
| SEN | Sistema Educativo Nacional | 国家教育系统 |
| SEP | Secretaría de Educación Pública | 公共教育部 |
| UNESCO | Organización de las Naciones Unidas para la Educación, la Ciencia y la Cultura | 联合国教育、科学及文化组织 |
| UNICEF | Fondo de las Naciones Unidas para la Infancia | 联合国儿童基金会 |

**备注缩略词（略）**

## 附录4　全国教育工作者协会二十二条基本原则

第一条　在不妨碍全国教育工作者协会（以下简称"协会"）基层成员的接受教育，不降低他们的政治水平、觉悟性和战斗性的前提下，任何斗争形式和组织形式及二者的组合都不得被否认。

第二条　协会的目的不是摧毁工会，而是恢复工会内部被资产阶级及其代理人抛弃的革命内容。

第三条　全国教育工作者协会将努力摧毁任何形式的工会强人主义[1]这种新的工团主义。领导人由民主选举产生，领导权归集体所有；协会拒绝任何形式的强迫和强制依附于任何政党；协会应建立永久性的监督和检查机构。

第四条　在进行谈判之前，应首先做好斗争动员。

第五条　全国教育工作者协会是一所预备学校，目的是掀起反对资产阶级及其国家的全面斗争，摧毁资本主义制度。

第六条　提高阶级觉悟，进行政治教育。协会不会与敌人和解，也不会试图与敌人和谐共存，我们不会放松或脱离斗争。

第七条　为改善生活条件和捍卫自己的利益和阶级权利，我们会不断地坚持斗争。

第八条　协会亦不会为了反对工会强人主义而结盟或为之做出任何妥协，我们将资产阶级及其国家视为主要敌人。我们承认工人阶级和农民是社会结构变革的主要社会力量。

第九条　协会应了解经济斗争与政治之间的密切联系，反对政治冷感

---

1　工会强人主义（charrismo）是用来专指墨西哥历史上工会领导人不寻求工人的利益，而是听命于大公司或当权集团，以换取双方的长期连任或不正当利益的背叛行为。1948 年 10 月 14 日，在米格尔·阿莱曼·巴尔德斯（Miguel Alemán Valdés）总统的六年（1946—1952）任期内，前铁路系统领导人阿方索·奥乔亚·帕蒂达（Alfonso Ochoa Partida）在警察和总统卫队的支持下强行接管了铁路工会，一般认为这是墨西哥工会强人主义的开端。工会强人主义最著名代表人物之一是菲德尔·委拉斯开兹（Fidel Velázquez），他担任墨西哥工人联合会（Confederación de Trabajadores de México，CTM）的负责人长达半个世纪（1941—1997）之久。

主义，承认人道主义的终极社会目标是达成消灭剥削者和被剥削者的历史使命。

第十条 协会创造性地利用各种斗争形式，并且没有产生宗派主义或行业偏向。

第十一条 协会应及时进行具有建设性的、兄弟般的批评和自我批评，强化阶级团结。基层成员拥有决定权。协会应促进政治干部培训。

第十二条 协会应保持这样的意识：当需要成立领导工人阶级全面斗争的组织时，我们应当随时作出贡献。

第十三条 协会应在我们的成员中保持各项原则的统一性，并且应与其他组织一道促进此一原则的实行，以实现阶级工会体系在现实层面的整合。

第十四条 认识到工作场合中的正式和非正式组织的重要性，利用这些组织为广大工人服务。

第十五条 要求成员绝对尊重由协会各项会议、论坛和代表大会所产生的决议。

第十六条 在不同的管理实例中应实行自由选择原则和可撤销性原则。

第十七条 协会坚持维护阶级斗争的普遍原则。

第十八条 协会支持其他民族的斗争，并捍卫无产阶级国际主义的原则。

第十九条 要求建立社会主义制度。

第二十条 协会认为斗争的统一性应建立在斗争思想的统一性这一基本原则上，因此把思想斗争作为推动运动发展的基本要素。协会把统一性原则理解为尊重协会不同机构（代表大会、议会、国家和各州论坛）在各自的召集和监督下所产生的各项协议。

第二十一条 任何团体都无权撤销协会通过的各项决议。当无法达成全员一致通过时，应遵守少数服从多数原则，因为不满足此要求则会有害于统一性原则。

第二十二条 为保证协会的政治和意识形态的独立性，我们的各项资金全部采用自筹方式取得。

# 致　谢

首先，我要向我的家人致以最深的感激，正是你们无条件的爱与支持，才让这一切成为可能。

我还要衷心感谢那些在生活的旅途中、求知的道路上以及工作的征程中给予我陪伴与指引的老师们，以及那些始终理解我、关照我的朋友们。你们的存在如同灯塔，照亮我前行的方向。

特别感谢墨西哥文化部部长亚历杭德拉·弗劳斯托·格雷罗女士、国家土著语言研究所所长阿尔玛·罗莎·艾斯平多拉·加利西亚女士和前所长胡安·格雷戈里奥·雷西诺先生。你们在民族语言保护与传承方面所取得的卓越成就，不仅为我树立了榜样，更成为我不断前行的动力，而你们对本书的关注与认可，更是我未曾奢望的荣耀。

同时，我要向墨西哥国家土著语言研究所的语言政策主任罗莎·阿尔曼蒂娜·卡尔德纳斯·德美（Rosa Almandina Cárdenas Demay）主任，以及梅赛德斯·伊莎贝尔·帕迪丽娅·多明戈斯（Mercedes Isabel Padilla Domínguez）女士表达我的诚挚谢意。你们对本书的细致审阅，无疑为其质量提供了坚实的保障。

此外，我还要感谢唐瑞雪女士和安娜·克里斯汀娜（Ana Cristina）女士，你们的宝贵意见对本书至关重要。

最后，我要向重庆大学出版社的编辑们诚挚地表达感激和歉意。在本书的出版过程中，你们不仅展现出了极高的专业素养，更以无比的耐心容忍我这个"挑剔狂"所提出的种种要求。你们的辛勤付出，使得本书得以顺利面世。

谢谢！

肖隽逸

2023 年 8 月 30 日

# 参考文献

ANDERSON B，2010.想象的共同体：民族主义的起源与散布［M］.吴叡人，译.台北：台湾时报出版社.

BRACHO C A, 2019. "Rejecting the Universal to Protect the Local:" Oaxacan Teachers Battle against Global Education Reforms［J］. Politics & Policy, 47( 2 ): 152-177.

CAMBRONNE K L, 2009.［2019-04-01］. Indigenous Language Preservation in Mexican Education-The Need for Mexico to Act on its Commitment to Preserving Indigenous Languages［EB/OL］. https：//auislandora.wrlc.org/islandora/object/0809capstones%3A223/datastream/PDF/view.

HAMEL R E, 2008. Indigenous Language Policy and Education in Mexico［M］// May S, et al.（eds.）Encyclopedia of Language and Education（2nd Edition）Volume 1: Language Policy and Political Issues in Education. New York: Springer：301-313.

LEWIS M, et al.（eds.），2016.Ethnologue: Languages of the Americas and the Pacific（19th Edition）［M］. Dallas: SIL International.

TROFIMOVICH P, et al., 2015. Ethnic Identity and Second Language Learning ［M］//Annual Review of Applied Linguistics, Volume 35. Cambridge: Cambridge University Press：234-252.

曹佳，2016.墨西哥民族整合进程中印第安人的国族认同研究［J］.西北民族大学学报（哲学社会科学版）（4）：1-7，63.

谌园庭，2010.墨西哥［M］.北京：社会科学文献出版社.

达万吉，2018.民汉双语教师概念分析及阐释［J］.中国民族教育（4）：40-42.

代红，陈壮，2011. 中国少数民族文字信息技术标准化现状与标准体系研究
　　[J].信息技术与标准化（6）：17-23.

费孝通，1989. 中华民族的多元一体格局[J].北京大学学报（哲学社会科学版），
　　26（4）：3-21.

郭友旭，2009. 语言权利和少数民族语言权利保障研究［D］.北京：中央民族
　　大学.

哈正利，2009. 论我国少数民族语言文字政策的完善与创新［J］.中南民族大
　　学学报（人文社会科学版），29（5）：17-21.

黄行，2013. 少数民族语言文字使用情况调查述要［J］.民族翻译（3）：64-
　　78.

黄行，1996. 我国新创与改进少数民族文字试验推行工作的成就与经验［J］.
　　民族语文（4）：10-17.

姜德顺，2012. 略辨"土著"与"原住民"［J］.世界民族（6）：7-12.

李丹，2014. 夹缝中生存的墨西哥印第安民族及其语言：墨西哥语言政策研究
　　［J］.北华大学学报（社会科学版），15（2）：23-29.

李清清，2013. 拉美跨文化双语教育政策：兴起、问题与启示［J］.河北民族
　　师范学院学报（1）：103-107.

李泽林，2010. 我国少数民族地区双语教师培训政策研究［J］.民族教育研究，
　　21（2）：10-15.

刘宝俊，1991. 语言与民族感情［J］.中南民族学院学报（哲学社会科学版），
　　13（3）：107-113.

罗常培，2015. 中国人与中国文　语言与文化［M］.北京：新星出版社.

马戎，1999. 中国少数民族教育事业的发展［J］.西北民族研究（1）：1-21,
　　281.

孙宏开，2005. 少数民族语言规划的新情况和新问题［J］.语言文字应用（1）：
　　13-17.

谭融，田小红，2015. 从同化到多元化：墨西哥原住民政策的发展［J］.天津
　　师范大学学报（社会科学版），35（3）：17-21，54.

陶染春，2015. 拉丁美洲"多元文化教育"给新疆"双语教育"带来的启示：
　　以墨西哥与巴西为例［J］.中国校外教育（中旬）（12）：36-38.

滕星，孔丽娜，2011. 墨西哥印第安人的多元文化教育发展［J］. 中国民族教育（9）：41-43.

佟加，庆夫，2003. 新疆少数民族文字软件研发应用状况与发展建议［J］. 语言与翻译（1）：72-76.

王金玉，2020. 贵州省黔东南州民汉双语教师培养现状分析［J］. 辽宁经济职业技术学院学报（3）：131-133.

王玉风，2016. 少数民族语言广播的独特价值：传播效果视角的探析［J］. 视听（10）：16-17.

肖隽逸，2016. 从阿兹特克末代皇帝到现代墨西哥民族象征：夸乌特莫克形象的历史变迁［J］. 江苏师范大学学报（哲学社会科学版），42（5）：32-38.

新疆维吾尔自治区双语教学工作领导小组办公室，2012. 新疆少数民族双语教育政策解读［M］. 乌鲁木齐：新疆人民出版社．

徐世澄，2001. 墨西哥印第安人问题与政府的政策［J］. 世界民族（6）：26-30.

许嘉璐，2002. 未了集：许嘉璐讲演录［M］. 贵阳：贵州人民出版社．

张青仁，2014. 墨西哥印第安人教育政策的变迁［J］. 拉丁美洲研究，36（5）：65-70，80.

张世渊，2016. 推广普通话与保护少数民族语言的关系研究［J］. 东南大学学报（哲学社会科学版），18（S1）：135-136.

张燚，2010. 2005—2009 新疆少数民族"学前双语教育"政策措施综览［J］. 新疆大学学报（哲学社会科学版），38（1）：132-137.

中共中央统战部，1991. 民族问题文献汇编［M］. 北京：中共中央党校出版社．

周庆生，姜淑琴，2003. 民族文化理论与双语教育：墨西哥语言政策研究［C］// 中国社会科学院民族研究所"少数民族语言政策比较研究"课题组，国家语言文字工作委员会政策法规室. 国家、民族与语言：语言政策国别研究. 北京：语文出版社．

周庆生，2013. 中国"主体多样"语言政策的发展［J］. 新疆师范大学学报（哲学社会科学版），34（2）：32-44，4.